BEI GRIN MACHT SICH IHR WISSEN BEZAHLT

- Wir veröffentlichen Ihre Hausarbeit, Bachelor- und Masterarbeit

- Ihr eigenes eBook und Buch - weltweit in allen wichtigen Shops

- Verdienen Sie an jedem Verkauf

Jetzt bei www.GRIN.com hochladen und kostenlos publizieren

GRIN

Bibliografische Information der Deutschen Nationalbibliothek:

Die Deutsche Bibliothek verzeichnet diese Publikation in der Deutschen National-
bibliografie; detaillierte bibliografische Daten sind im Internet über http://dnb.d-
nb.de/ abrufbar.

Dieses Werk sowie alle darin enthaltenen einzelnen Beiträge und Abbildungen
sind urheberrechtlich geschützt. Jede Verwertung, die nicht ausdrücklich vom
Urheberrechtsschutz zugelassen ist, bedarf der vorherigen Zustimmung des Verla-
ges. Das gilt insbesondere für Vervielfältigungen, Bearbeitungen, Übersetzungen,
Mikroverfilmungen, Auswertungen durch Datenbanken und für die Einspeicherung
und Verarbeitung in elektronische Systeme. Alle Rechte, auch die des auszugsweisen
Nachdrucks, der fotomechanischen Wiedergabe (einschließlich Mikrokopie) sowie
der Auswertung durch Datenbanken oder ähnliche Einrichtungen, vorbehalten.

Impressum:

Copyright © 2013 GRIN Verlag, Open Publishing GmbH
Druck und Bindung: Books on Demand GmbH, Norderstedt Germany
ISBN: 9783668369832

Dieses Buch bei GRIN:

http://www.grin.com/de/e-book/349773/die-schuldenkrise-ueber-die-didaktische-
herausforderung-aktueller-themen

Andreas Unger

Die Schuldenkrise. Über die didaktische Herausforderung aktueller Themen in der Volkswirtschaft

GRIN Verlag

GRIN - Your knowledge has value

Der GRIN Verlag publiziert seit 1998 wissenschaftliche Arbeiten von Studenten, Hochschullehrern und anderen Akademikern als eBook und gedrucktes Buch. Die Verlagswebsite www.grin.com ist die ideale Plattform zur Veröffentlichung von Hausarbeiten, Abschlussarbeiten, wissenschaftlichen Aufsätzen, Dissertationen und Fachbüchern.

Besuchen Sie uns im Internet:

http://www.grin.com/

http://www.facebook.com/grincom

http://www.twitter.com/grin_com

Mag. Andreas Unger

Die Schuldenkrise

Über die didaktische Herausforderung
aktueller Themen in der Volkswirtschaft

Masterarbeit

zur Erlangung des akademischen Grades

eines Master of Science

der Studienrichtung Wirtschaftspädagogik

an der Karl-Franzens-Universität Graz

Institut für Wirtschaftspädagogik

Graz, im Juli 2013

Vielen Dank an meine liebe Frau Ulrike Maria Unger, die mir die Vernachlässigung meiner Haushaltspflichten während des Verfassens dieser Arbeit nachgesehen hat.

Mag. Andreas Unger

Inhaltsverzeichnis

IV

Einführung

Spätestens mit der Pleite der Lehman Bank am 15. September 2008[1] ist der Themenkomplex der Banken- bzw. Schuldenkrise ins Bewusstsein einer breiten Öffentlichkeit getreten. Dabei kann der Eindruck entstehen, dass die Situation immer wieder eskaliert um dann wiederum in eine Phase relativer Stabilität überzugehen. Zunächst wurde von einer Bankenkrise gesprochen. Auch wenn die Regierung der USA Lehman hat fallen lassen, so haben die westlichen Staaten in weiterer Folge viele Banken staatlicherseits mit Haftungsgarantien, aber auch mit realen Zahlungen massiv gestützt und damit wohl oft auch vor der Insolvenz gerettet.[2] Entgegen der Wettbewerbsregeln und Inflationsbedenken wurden Marktregeln insofern außer Kraft gesetzt, als Banken für die das Schlagwort *too big to fail* galt, von den Regierungen massiv gestützt wurden.[3] In den USA wurde weiters auch Industriekonzernen finanziell unter die Arme gegriffen.[4,5] In Deutschland und Österreich wurde der Versuch unternommen, dem Wirtschaftsabschwung und der steigenden Arbeitslosigkeit, in Folge der Lehman Pleite, durch offensive Maßnahmen, wie z. B. Abwrackprämien[6] zu begegnen. Finanziert wurden all diese Aktivitäten der Staaten durch vermehrte Schuldenaufnahmen. Mittlerweile sind nun auch die Retter von einst in finanzielle Probleme gekommen.[7] In der öffentlichen Diskussion wird von einer Schuldenkrise gesprochen. Es ist mittlerweile auch von einer Krise in der Europäischen Währungsunion die Rede. Vor allem südliche Mitgliedsstaaten des Euro sind zum Teil in erhebliche Probleme geraten. Griechenland ist dafür das Paradebeispiel. Zur Rettung des Euro wurden Schutzschirme wie der ESM aufgespannt und die EZB hat unlängst entschieden, unter Einhaltung bestimmter Kriterien Staatsanleihen von Eurostaaten direkt aufzukaufen[8], sie also zu monetisieren.[9]

Die öffentliche Meinung in den Medien spiegelt die Situation und die Ereignisse wider. Dabei kommen unter anderem ÖkonomInnen unterschiedlichster theoretischer Richtungen zu

---

[1] Vgl. Sustala/ Szalai (2008), [online].

[2] Vgl. Hartmann-Wendels/Pfingsten/Weber (2010), S. VII.

[3] Vgl. Kramer (2012), S. 489.

[4] Vgl. Die Welt (2008), Hilfspaket lässt General-Motors-Aktie abheben, [online].

[5] Vgl. Skidelsky (2010), S. 14.

[6] Vgl. Horn (2013) [online].

[7] Vgl. Tichy (2011), S. 797.

[8] Vgl. Die Presse (2012), EZB beschließt Ankauf von Anleihen der Krisenländer, [online].

[9] Vgl. Uchatius (2012), [online].

Wort.[10] Dementsprechend unterschiedlich sind die Analysen und die als notwendig dargestellten Handlungsanweisungen:

Die Einen sprechen von notwendigen Austeritätsmaßnahmen (Reduktion der Ausgaben im sozialen Bereich[11], Steuererhöhungen), wobei die Staaten sparen sollen um ihre Haushalte wieder in den Griff zu bekommen. Gleichzeitig seien Einschnitte in der Entlohnung der unselbständig Beschäftigten, die Erhöhung der Lebensarbeitszeit und ähnliche Maßnahmen die Voraussetzung um die Wettbewerbsfähigkeit, vor allem von Staaten der südlichen Peripherie Europas, wieder zu steigern, um eine ausgeglichene Leistungsbilanz zu erreichen und diese Volkwirtschaften wieder in Gang zu bringen.[12]

Andere halten diese Sparkurse wiederum für völlig falsch (man dürfe sich nicht weiter in die Krise hinein sparen[13]). Im Gegenteil, es bedürfe einer offensiven Wirtschaftspolitik[14], um die Konjunktur wieder in Schwung zu bringen, damit die Wirtschaft wieder wächst. Dies soll es den Staaten ermöglichen in weiterer Folge ihre Steuereinnahmen zu erhöhen und ihnen so dabei zu helfen ihre Staatsfinanzen wieder zu stabilisieren.[15] Diese Ansätze basieren auf den Ideen zum Einsatz makroökonomischer Politikinstrumente zur Erreichung von Vollbeschäftigung. Dabei sollen durch die Geldpolitik die Zinsen dauerhaft niedrig gehalten werden und durch Fiskalpolitik das Niveau von öffentlichen und halböffentlichen Investitionen kontinuierlich hoch gehalten werden.[16]

Jene Minderheit, die sich auf die *Österreichische Schule* oder auf die *Schöpferische Zerstörung* Schumpeters berufen, sehen die Krise als Instrument welches zur Beseitigung der Ungleichgewichte wirken soll.[17]

---

[10] Vgl. Kramer (2012), S. 492.

[11] Vgl. Schulmeister (2010), S. 52f.

[12] Vgl. Busch/Hermann/Hinrichs/Schulten (2012), S. 1, [online].

[13] Vgl. Schulmeister (2010), S. 13f.

[14] Vgl. Schulmeister (2010), S. 14.

[15] Vgl. Schulmeister (2010), S. 93.

[16] Vgl. Skidelsky (2010), S. 260.

[17] Vgl. Kramer (2012), S. 487.

Bezüglich des Euro ist die Diskussion entbrannt, ob dieser um jeden Preis gerettet werden soll[18], oder ob dieser eine Fehlkonstruktion[19], eine „Schönwetterwährung[20]" sei, die ohnehin zum Scheitern verurteilt[21] ist.

Die Ereignisse und die allgemeine Situation sind mittlerweile nicht nur für wirtschaftliche Laien, sondern auch für Menschen mit einer soliden wirtschaftlichen Ausbildung unüberschaubar geworden und kaum noch zu überblicken, geschweige denn zu verstehen.

Diese Situation der Ungewissheit, der Unsicherheit und der Unklarheit betrifft auch die SchülerInnen der Handelsakademien. Es kann davon ausgegangen werden, dass sich die gegebenen Problemlagen auch in Zukunft nicht von selbst in Luft auflösen und sie somit die SchülerInnen auch in ihrer Zukunft weiter begleiten werden.

Forschungsfragen:

✓ Welche fachlichen Inhalte sind für ein grundsätzliches Verständnis der Schuldenkrise notwendig?

✓ Welche Aspekte der Schuldenkrise betreffen die globale, welche die europäische, und welche die nationale Ebene?

✓ Wie kann im Unterricht mit der Komplexität des Themas umgegangen werden, die auch von der Fachwissenschaft selbst nicht vollständig verstanden ist?

✓ Welche didaktischen Modelle können hier für die Lehrperson bei der Umsetzung im Unterricht hilfreich sein?

Zielsetzung:

Es soll eine fachinhaltliche Strukturierung der Thematik erarbeitet werden, die für die SchülerInnen das Verstehen der komplexen Zusammenhänge erleichtert.

Im Detail geht es in fachlicher Hinsicht um:

✓ die überblicksartige Darstellung der Entstehung und der aktuellen Situation der Schuldenkrise;

---

[18] Vgl. Frankfurter Allgemeine (2011), Scheitert der Euro, scheitert Europa, [online].

[19] Vgl. Bagus (2011) [online].

[20] Vgl. Berger (2012) [online].

[21] Vgl. Müller (2012) [online].

✓ eine knappe Beschreibung der globalen, der europäischen und der nationalen Aspekte des Themas und

✓ die Darstellung und Gegenüberstellung der neoliberalen und der keynesianischen Sichtweisen auf die Schuldenkrise.

Die didaktische Herausforderung der Arbeit liegt in der Berücksichtigung des Aktualitätsbezuges und des Umstandes, dass es sich bei diesem Thema nicht um ein punktuelles aktuelles Ereignis, sondern um eine längerfristige Entwicklung mit hoher Komplexität handelt. Gerade unter diesen Gesichtspunkten kommt der Didaktik eine besondere Rolle zu. Komplexitätsreduktion und der Umgang mit den beiden großen ökonomischen Denkschulen (Neoliberalismus und Keynesianismus) erlangen dabei eine besondere Bedeutung.[22]

Überblick über den Inhalt der Arbeit:

Die Arbeit gliedert sich in drei Kapitel. Das erste Kapitel beinhaltet die fachinhaltlichen Aspekte der Schuldenkrise. Dabei werden die relevanten wirtschaftsgeschichtlichen Entwicklungen seit dem Ende des Bretton-Woods-Systems aufgearbeitet. Es erfolgt ein Blick auf die globalen und europäischen Aspekte der Schuldenkrise. Danach werden die neoliberale und die keynesianische Sichtweisen der Schuldenkrise thematisiert. Insbesonders werden die Exzesse im Investmentbereich und Auswirkungen der Liberalisierung im Investmentbereich beleuchtet. Anschließend wird auf die europaspezifischen Problemstellungen, wie das Vorhandensein einer einheitlichen Währung bei einer asymmetrischen Wirtschaftspolitik behandelt. Danach erfolgt eine theoretische Betrachtung über die Entstehung des Geldes und der Schulden.

Im Zweiten Kapitel werden didaktische Fragestellungen zum Thema behandelt. Die Forderungen des Gesetzgebers bezüglich des Aktualitätsbezugs des Unterrichts werden dargestellt. Bei den diesbezüglich relevanten Rechtsquellen handelt es sich um das Schulunterrichtsgesetz und den Lehrplan für die Handelsakademie. Anhand des Grundmodells der Unterrichtsplanung nach Posch/Schneider/Mann, der kritisch-konstruktiven Didaktik und der konstruktivistischen Didaktik wird an den grundsätzlichen didaktischen Umgang mit aktuellen Ereignissen heran gegangen. Die Notwendigkeit zur Reduktion der Komplexität wird diskutiert. Weiters wird thematisiert wie die Sichtweisen der beiden wesentlichen ökonomischen Denkschulen didaktisch für die SchülerInnen aufbereitet werden

---

[22] Vgl. Kögler/Müllauer (2009), S 62.

4

können. Es wird darauf eingegangen, wie die Lehrkraft mit der Unwissenheit der Fachdisziplin umgehen kann, da die Fachwissenschaft keine vollständige Erklärung für die Schuldenkrise liefert und zukünftige ähnliche Ereignisse nicht voraussehen kann. Die Besprechung der speziellen Herausforderungen an LehrerInnen bei der Behandlung des Themas in ihrem Unterricht rundet das Kapitel ab.

Im Dritten und letzten Kapitel wird eine Zusammenfassung der Arbeit geboten.

1. Fachinhaltliche Aspekte der Schuldenkrise

Inhalt dieses Kapitels sind die fachinhaltlichen Aspekte der Schuldenkrise. Zunächst erfolgt ein knapper wirtschaftshistorischer Abriss der Ereignisse, beginnend mit dem Ende des Bretton-Wood-Systems[23] fester Wechselkurse im Jahr 1971.

Es wird sowohl auf die neoliberale, als auch auf die keynesianische Sicht auf die Schuldenkrise Bezug genommen. Ein eigener Abschnitt wird der Liberalisierung der Finanzwirtschaft und deren Auswirkungen, die in Exzesse im Investmentbereich mündeten, gewidmet.

Ein weiteres Unterkapitel legt den Fokus auf europaspezifische Problemstellungen. Hier wird das europäische Unikum betrachtet, wo eine einheitliche Währung vorhanden ist und gleichzeitig eine asymmetrische Wirtschaftspolitik innerhalb des gemeinsamen Währungsgebietes betrieben wird.[24]

Da Geld und Schulden (von denen in einer Schuldenkrise zu viele vorhanden sind) im gegenwärtigen Finanzsystem untrennbar miteinander verbunden sind (Geld entsteht schließlich im Rahmen der Kreditvergabe als Schuld[25]), und da somit Geld und Schuld praktisch zwei Seiten der gleichen Medaille sind, wird die Geldentstehung in eigenen Unterabschnitten (einmal bezüglich des Zentralbankgeldes und einmal bezogen auf das Giralgeld der Geschäftsbanken) beleuchtet.

Die Erwähnung einer wissenschaftlichen Minderheitenposition über mögliche Zusammenhänge, Folgen und Auswirkungen des derzeitigen monetären Systems runden die Geldthematik ab. Die Begründung für diese Erwähnung ist das Untersuchungsergebnis der beiden IWF-Ökonomen Benes und Kumhof. Das Ergebnis dieser Untersuchung ist, dass bei sonst gleichen Parametern, sich die öffentliche und private Verschuldung bei einer anderen Konstruktion des Finanzsystems stark verringert.[26]

Letztlich wird die nationale Ebene innerhalb Europas, exemplarisch an den Beispielen Deutschland und Griechenland, sowohl innerstaatlich als auch hinsichtlich der wirtschaftlichen Interaktionen miteinander, thematisiert.

---

[23] Vgl. Senf, (2009), S. 175ff.

[24] Vgl. Breuss, (2009), S. 61ff.

[25] Vgl. Fehr, (2008), [online].

[26] Vgl. Benes/Kumhof (2012), S. 1, [online].

1.1 Überblicksartige Darstellung der Entstehung und der aktuellen Situation der Schuldenkrise

Das Ende des Bretton-Woods-Systems:

Mit seiner Fernsehansprache[27] vom 15. August 1971 leitete der US-Präsident Richard Nixon das endgültige Ende des Bretton-Woods-Systems ein. In dieser Ansprache wurde angekündigt, dass die Konvertibilität des US-Dollars in Gold temporär aufgehoben sei (temporär dauert dabei bis dato an). Diese Konvertibilität bestand in einer Goldeinlösegarantie für die Dollarreserven ausländischer Zentralbanken. Damit verschwand der letzte Rest an Goldbindung (Dollar direkt ans Gold, andere Währungen durch feste Wechselkurse an den Dollar) des Währungssystems.[28,29]

Dem voraus ging, dass Frankreich im Jahr 1969 unter Staatspräsident de Gaulle (als einziges von mittlerweile hundert Mitgliedsländern des Bretton-Woods-Systems) die Einlösung seiner Dollarreserven in Gold forderte. Die damals vorhandenen Goldreserven der USA reichten aber kaum aus, um auch nur die Forderungen eines einzigen Mitgliedslandes in Gold zu begleichen. Durch die Aufhebung der Goldeinlösegarantie durch Nixon entzogen sich die USA ihrer internationalen Verpflichtung.[30] Mit dem Ende der Goldeinlösegarantie war auch das Ende der festen Wechselkurse verbunden.[31] Als Folge der Aufgabe der festen Wechselkurse verlor der Dollar 25 Prozent seines Wertes.[32] Seine Rolle als wichtigste Leitwährung konnte der Dollar aber dennoch behalten. Möglich wurde dieser Status dadurch, dass er seit 1971 die einzige Währung ist, in der Erdöl gehandelt (Petrodollar) wird.[33] Eine entsprechende vertragliche Regelung mit Saudi-Arabien trägt dazu bei, dass dies so bleibt.[34]

Der Ölpreisschock:

Die Aufgabe der festen Wechselkurse führte im den Jahren 1971 bis 1973 sowie 1977 bis 1979 zu einer massiven Entwertung des Dollars und war eine Ursache der Ölpreisschocks. Die Folge davon waren die beiden Rezessionen 1974/75 und 1980 bis 1982. Diese

---

[27] Vgl. Nixon (1971), [online].

[28] Vgl. Senf, (2009), S. 185.

[29] Vgl. Binswanger (2009), S. 3, [online].

[30] Vgl. Senf (2009), S. 187.

[31] Vgl. Graeber, (2011), S. 379.

[32] Vgl. Schulmeister (2010), S. 47.

[33] Vgl. Graeber, (2011), S. 385.

[34] Vgl. Huber, (2009), S. 2.

Rezessionen (mit Anstieg der Inflation[35]) wiederum hatten zur Folge, dass die Unsicherheit bezüglich der Profitabilität von Realinvestitionen, bei gleichzeitiger Zunahme der Spekulationschancen auf den Devisen- und Rohstoffterminmärkten, stieg.[36]

Milton Friedmans Generalangriff auf den Keynesianismus:

Die Konstellation steigende Arbeitslosigkeit bei gleichzeitiger Inflation nutzten neoliberale Ökonomen wie Milton Friedman zu einem Angriff auf den Keynesianismus. Sie behaupteten, dass die Phillips-Kurve (als Kernstück der keynesianischen Theorie) falsifiziert sei.[37]

Hochzinspolitik der Zentralbanken und Inflation:

Zum Ende der 1970er Jahre begann eine Phase der extremen Hochzinspolitik durch die Nationalstaaten, da die Dollarentwertung (1977 bis 1979) und der darauf folgende Ölpreisschock Inflation nach sich zogen.[38] Folge der Hochzinspolitik der Zentralbanken war, dass der Zinssatz seither fast permanent über der Wachstumsrate lag. Dies wurde allerdings in den USA vor 20 Jahren korrigiert.[39]

Verlagerung von Realkapitalbildung zu Finanzveranlagungen:

Durch die Rückkehr der Theorie des Laissez-Faire wurde die Voraussetzung für die Entfesselung der Finanzmärkte geschaffen. Dabei hat sich das Gewinnstreben von der Realwirtschaft hin zur Finanzwirtschaft verlagert.[40]

In den achtziger Jahren entstanden im Rahmen der neoliberalen Deregulierung viele Finanzinnovationen wie beispielsweise Derivate. Diese Innovationen erleichterten Spekulationen verschiedenster Art, was zur Folge hatte, dass die Instabilität der Preise stieg. Das positive Zins-Wachstums-Differential (Zinsen liegen über der Wachstumsrate) veranlasste nichtfinanzielle Konzerne Investitionen vom realwirtschaftlichen in den finanzwirtschaftlichen Bereich zu verlagern. Gleichzeitig senkten Unternehmen ihre Fremdfinanzierungen und damit das Wachstum ihrer Realinvestitionen.[41] Das wiederum

---

[35] Vgl. Schulmeister (2010), S. 47.

[36] Vgl. Schulmeister (2010), S. 24.

[37] Vgl. Schulmeister (2010), S. 25.

[38] Vgl. Schulmeister (2010), S. 25.

[39] Vgl. Schulmeister (2010), S. 47.

[40] Vgl. Schulmeister (2010), S. 109.

[41] Vgl. Schulmeister (2010), S. 26.

dämpft das Wirtschaftswachstum nachhaltig und führt zum Steigen von Staatsverschuldung und Arbeitslosigkeit.[42]

---

[42] Vgl. Schulmeister (2010), S. 48.

Aktienboom und das Platzen der Dotcom Blase:

Mit dem 1982 einsetzenden Aktienboom wurde die Spekulationsfreude stimuliert. Die Umstellung der Pensionssysteme in den USA führte dazu, dass dieser Boom fast 20 Jahre lang anhielt.[43] Gleichzeitig ermutigte man unselbständig Erwerbstätige, einen Anteil am Kapitalismus zu kaufen um sich so einen Anteil an den Gewinnen zu sichern.[44] In Europa wuchs in den neunziger Jahren die Realwirtschaft kaum noch, aber das Finanzkapital sollte Renditen von 10 Prozent einbringen. Durch den Aktienboom vergrößerte sich die Diskrepanz zwischen dem realen Wert von Unternehmen und deren Börsenwert zusehends. Dies endete abrupt mit dem Aktiencrash der Jahre 2000 bis 2003.[45]

Die Immobilienblase in den USA und deren Folgen:

Beginnend mit dem Jahr 2003 bis 2007 gelang ein erneuter Aktienboom. In Europa beispielsweise durch Anreize zur kapitalgedeckten Altersvorsorge. In den USA hingegen spielte die Immobilienblase eine viel größere Rolle.[46] Die Krise des US-Finanzsystems seit dem Jahr 2007 und deren globale Auswirkungen stellt kein unverbundenes Einzelereignis dar, sondern ist vorläufig die letzte in einer Kette von schweren Währungs- und Bankenkrisen (Mexiko 1994, Südostasien 1997, Russland 1998, Argentinien 2001, Dotcom Crash).[47] Dem Dotcom Crash folgte die Subprime-Krise, welche für das Bankensystem auf beiden Seiten des Atlantiks beinahe zum Super-GAU führte.[48] Global war eine auf dem Kopf stehende Pyramide, bestehend aus Privat- und Bankschulden, aufgetürmt worden, welche nur auf einer schmalen Basis von Vermögenswerten, nämlich jenen der amerikanischen Häuser, beruhte.[49]

Als der Wert dieser Immobilien zu bröckeln begann, ging der Schuldenblase die Luft aus. Dies begann langsam und erreichte dann eine verheerende Geschwindigkeit.[50]

Als eines der ersten Anzeichen der Finanzkrise kann der Abzug von Kundengeldern bei der Northern Rock Bank im September 2007 angesehen werden. Im März 2008 erfolgte die

---

[43] Vgl. Schulmeister (2010), S. 26.

[44] Vgl. Graeber (2011), S. 395.

[45] Vgl. Schulmeister (2010), S. 27.

[46] Vgl. Schulmeister (2010), S. 27.

[47] Vgl. Huber (2009), S. 1f [online].

[48] Vgl. Huber (2009), S. 2 [online].

[49] Vgl. Skidelsky (2010), S. 27.

[50] Vgl. Skidelsky (2010), S. 27.

Übernahme der Investmentbank Bear Stearns[51] durch JPMorgan Chase & Co. Die Pleite von Lehman Brothers am 15. September 2008 enthüllte das Risikopotential des Systems. Wissenschaftliche Untersuchungen seit Beginn der 2000er Jahre hatten zwar auf instabile Elemente innerhalb des Finanzsystems hingewiesen, das Ausmaß der Risiken war jedoch nicht klar. Vor allem hatte niemand erwartet, dass diese Risiken gleichzeitig zusammentreffen würden. Als Ergebnis des Schocks entstanden Unsicherheiten und eine Vertrauenskrise zwischen den Banken, was zu einem Zusammenbruch des Geldmarktes führte. Die globalen Verflechtungen von Banken und der Umstand, dass US-Immobilienwerte in Form von komplexen Finanzderivaten weltweit in großem Ausmaß veranlagt waren, führten zu einem raschen Übergreifen der Krise auf Europa. Zunächst nicht von der Finanzmarktkrise betroffen waren die Länder der südlichen Peripherie des Euroraumes.[52]

In Europa führte das Übergreifen der Krise unter anderem zu beinahe Pleiten der IKB, der Hypo Real Estate und der Sachsen LB. Diese Banken konnten nur mit massiver staatlicher Unterstützung gerettet werden.[53]

Die Rettung der Banken wirft die ethische Frage auf, ob Investoren die Gewinne aus gewonnenen Wetten behalten dürfen aber andererseits Verluste aus verlorenen Wetten sozialisiert werden sollen. Skidelsky sieht, wenn dies so ist, eine Bestätigung der negativen Urteile über den Kapitalismus.[54]

Die stark steigende Staatsverschuldung der jüngeren Vergangenheit ist vor allem darauf zurückzuführen, dass die Staaten, als Folge der Finanzkrise, auf der einen Seite Steuerausfälle zu verzeichnen hatten und sie die krisenbedingte Rezession mit Stimulationsprogrammen zu überwinden versuchten. Auf der anderen Seite hatten die Staaten erhöhte Aufwendungen zur Sicherung des Finanzsektors zu tragen. Dabei ist anzumerken, dass sie Vertrauens- und Schuldenkrise nicht alle Länder der Eurozone betrifft, sondern ausschließlich Länder der europäischen Peripherie.[55]

Die Konstruktion der Europäischen Wirtschafts- und Währungsunion hielt dem realen Stresstest nicht stand. Sie musste mit nicht abschätzbaren Folgen gestützt werden. Diese Stützung wurde mit in großer Eile beschlossenen Maßnahmen bewerkstelligt, wobei

---

[51] Vgl. Neue Züricher Zeitung (2008), JP Morgan Chase übernimmt Bear Stearns [online].

[52] Vgl. Tichy (2011), S. 798.

[53] Vgl. Hartmann-Wendels/Pfingsten/Weber (2010), S. VII.

[54] Vgl. Skidelsky (2010), S. 46.

[55] Vgl. Tichy (2011), S. 797.

grundsätzliche Auffassungsunterschiede zutage traten. Möglicherweise sind es diese Auffassungsunterschiede, die die Staatsschuldenkrise in der EU so brisant und hartnäckig werden ließ.[56]

Bofinger sieht die Ursache der Finanzkrise im Wesentlichen darin begründet, dass viele Kredite an Personen vergeben wurden, deren finanzielle Möglichkeiten nicht ausreichten, diese zu bedienen. Diese Kredite wurden weiters für überteuerte Immobilien ausgereicht, so dass deren tatsächlicher Wert nicht als Sicherheit für die Kredite ausgereicht hat. Daher verfügen die Banken über zu wenig werthaltige Forderungen um die Einlagen ausreichend bedienen zu können. Als Reaktion darauf haben die Staaten mit Garantien und der Bereitstellung öffentlicher Mittel für die Stabilisierung der Bankbilanzen gesorgt.[57]

Die Wurzel für das Grundproblem der Schuldenkrise in der Eurozone sieht Bofinger darin, dass es eine Finanzkrise gegeben hat. Dies betrifft aber nicht nur Europa, sondern die globale Ebene. In der Eurozone sieht er das Problem, dass diese nicht als Einheit agiert, sondern, dass hier 17 Nationalstaaten sich an der Problembewältigung versuchen.[58]

Chronologischer Verlauf der Schuldenkrise in Europa:[59,60]

Im Oktober 2009 revidiert die neu gewählte griechische Regierung die Zahlen zur Staatsverschuldung. Diese gibt an, dass das Defizit nicht bei sechs sondern bei 12,5 Prozent liegt, was dazu führt, dass das Vertrauen in die Staatsfinanzen Griechenlands sinkt. In weiterer Folge senken Ratingagenturen die griechische Kreditwürdigkeit und es beginnen Spekulationen auf eine Staatspleite des Landes. Neben Griechenland sind auch Spanien, Portugal und Irland angeschlagen. Der Begriff PIGS-Staaten für diese Länder kommt in Gebrauch.[61,62]

Bei einem EU-Sondergipfel im Februar 2010 wird Griechenland politische Unterstützung aber keine finanzielle Unterstützung zugesagt, was zu einer Verunsicherung der Märkte führte. Im März 2010 einigen sich die Euro-Länder schließlich auf einen Rettungsplan für Griechenland. Am 23. April 2010 erfolgt das Hilfsansuchen Griechenlands bei der EU und

---

[56] Vgl. Kramer (2012), S. 486.

[57] Vgl. Bofinger (2010) [online].

[58] Vgl. Bofinger (2013), [online].

[59] Vgl. focus (2013), [online].

[60] Vgl. Lang (2012), [online].

[61] Vgl. focus (2013), [online].

[62] Vgl. Lang (2012), [online].

dem IWF. Diese erklären sich zu einer Unterstützung im Ausmaß von 45 Milliarden Euro bereit.[63,64]

Am 2. Mai 2010 bekommt Griechenland eine Finanzhilfe von 110 Milliarden Euro (80 Milliarden von den Euro-Staaten, 30 Milliarden vom IWF) zugesichert. Im Gegenzug muss sich Griechenland verpflichten sein Budgetdefizit bis 2014 auf unter drei Prozent des BIP abzusenken. Das hierzu von Griechenland beschlossene Sparprogramm stürzt die Wirtschaft des Landes in eine Rezession, wodurch die Steuereinnahmen nicht plangemäß steigen. Noch im selben Monat wird ein Rettungsschirm mit einem Umfang von 750 Milliarden Euro errichtet um Euro-Länder, falls notwendig, mit Krediten zu versorgen. Im November dieses Jahres beantragt Irland die Hilfe aus dem Rettungsschirm. Unter strikten Sparauflagen werden 85 Milliarden Euro zugesagt.[65,66]

Die Europäische Finanzstabilisierungsfazilität (EFSF) wird am 07. Juni 2010 von den Euro-FinanzministerInnen gegründet.[67]

Am 30. September 2010 erfolgt die Herabstufung des Ratings von Spanien durch die Rating-Agentur Moody's.[68]

Im November 2010 wird Irland vom Euro Rettungsschirm aufgefangen. Der Europäische Stabilitätsmechanismus (ESM) wird als dauerhafter Krisenfonds von den FinanzministerInnen der Euro-Länder beschlossen.[69]

Beim EU-Gipfel am 25. März 2011 wird ein Gesamtpaket zur Überwindung der Schuldenkrise beschlossen. Teil dieses Pakets ist ein permanenter Rettungsschirm, eine Verschärfung des Stabilitätspakts und die Verpflichtung zu Strukturreformen.[70,71]

Portugal ersucht am 6. April 2011 um Finanzhilfen. Es werden 78 Milliarden Euro an Krediten gewährt.[72,73]

---

[63] Vgl. focus (2013), [online].
[64] Vgl. Lang (2012), [online].
[65] Vgl. focus (2013), [online].
[66] Vgl. Lang (2012), [online].
[67] Vgl. Lang (2012), [online].
[68] Vgl. Lang (2012), [online].
[69] Vgl. Lang (2012), [online].
[70] Vgl. focus (2013), [online].
[71] Vgl. Lang (2012), [online].
[72] Vgl. focus (2013), [online].

Im Mai 2011 wird seitens der EU von Griechenland ein noch strenger Sparkurs verlangt. Ein solcher ist aber aufgrund innenpolitischer Divergenzen schwer umsetzbar. Es droht die Staatspleite bis Mitte Juli. Ein Prüfbericht der *Troika* (bestehend aus der EU-Kommission, der Europäischen Zentralbank und dem IWF) vom Juni sieht Fortschritte bei den Sparzielen und stellt fest, dass ein neues Hilfspaket notwendig ist. Der Bericht bemängelt weiters fehlende Reformen. Nachdem das griechische Parlament am 29. Juni 2011 dem Sparprogramm zustimmt kommt es zu schweren Unruhen auf den Straßen. Die nächste Teilzahlung des laufenden Hilfsplans wird von den FinanzministerInnen der Eurozone freigegeben.[74]

Am 8. Juli 2011 erhöhen sich die Risikoaufschläge für italienische Staatsanleihen. Beim Gipfeltreffen der Staats- und Regierungschefs der Euro-Staaten wird ein neues Hilfspaket für Griechenland im Ausmaß von 109 Milliarden Euro und die Beteiligung privater Gläubiger beschlossen. Dem EFSF wird ein größerer Handlungsspielraum eingeräumt.[75,76]

Die EZB verkündet am 4. August 2011, dass sie wieder Staatsanleihen von Portugal, Irland und Griechenland ankaufen wird. Spanien und Italien werden wenige Tage später in dieses Programm aufgenommen.[77,78]

Um Zweifel an seiner Bonität zu zerstreuen, verspricht Frankreich zusätzliche Sparmaßnahmen. Es sind hartnäckige Gerüchte in Umlauf, dass das *AAA-Rating* des Landes gefährdet sei, was auch Auswirkungen auf die Aktienkurse französischer Banken zeigt.[79]

Bei einem Treffen in Paris am 16. August 2011 bekräftigen Bundeskanzlerin Merkel und Frankreichs Präsident Nicolas Sarkozy die Pläne zu einer europäischen Wirtschaftsregierung, einer Finanzmarkttransaktionssteuer und einer Schuldenbremse nach deutschem Vorbild. Merkel erteilt Eurobonds eine Absage.[80]

Am 29. September 2011 stimmt der Deutsche Bundestag einer Aufstockung des ESFS zu. Deutschland bürgt nun für 211 Milliarden Euro.[81,82]

---

[73] Vgl. Lang (2012), [online].

[74] Vgl. focus (2013), [online].

[75] Vgl. focus (2013), [online].

[76] Vgl. Lang (2012), [online].

[77] Vgl. focus (2013), [online].

[78] Vgl. Lang (2012), [online].

[79] Vgl. focus (2013), [online].

[80] Vgl. focus (2013), [online].

[81] Vgl. focus (2013), [online].

Die griechische Regierung erklärt am 2. Oktober 2011, dass sie die vereinbarten Defizitziele sowohl im laufenden als auch im folgenden Jahr nicht einhalten kann. Daraufhin einigen sich die Staats- und Regierungschefs der Eurozone am 26. Oktober 2011 darauf, dass private Gläubiger auf 50 Prozent ihrer Forderungen verzichten sollen, auf die Rekapitalisierung der Banken und auf die Hebelung des ESFS auf eine Billion Euro. Griechenland wird ein neuerliches Hilfspaket über 130 Milliarden Euro in Aussicht gestellt. Nur wenige Tage darauf kündigt der griechische Ministerpräsident Papandreou ein Referendum über die Sparmaßnahmen an. Politischer Druck seitens Deutschland und Frankreich führt dazu, dass Papandreou das Referendum wieder absagt.[83,84]

Die Renditen für italienische Staatsanleihen übersteigen im November 2011 die sieben Prozentmarke. Ähnlich ist die Situation in Spanien. Auch Staaten Kerneuropas werden nun vom Misstrauen der Investoren erfasst. Es wird seitens der Politik und von Ökonomen gefordert, dass die EZB Staatsanleihen ankauft.[85]

Der November dieses Jahres ist auch von Regierungswechseln in Italien und in Spanien geprägt.[86,87]

Am 21. Dezember 2011 setzt die EZB eine geldpolitische Offensive, die es den Banken ermöglicht sich für drei Jahre mit Geld zu versorgen. Diese Aktion ist eine Reaktion darauf, dass die Banken, mangels gegenseitigen Vertrauens, gegenseitig keine Kredite mehr vergeben. Es gelingt der EZB so das Bankensystem zu stabilisieren. Weiters kaufen die Banken dadurch wieder verstärkt Staatsanleihen.[88]

Österreich und Frankreich verlieren am 13. Jänner 2012 ihr *AAA*-Rating bei Standard & Poor's.[89,90]

Der permanente Rettungsschirm ESM wird am 23. Jänner 2012 mit einem Volumen von 500 Milliarden Euro vorzeitig beschlossen.[91,92]

---

[82] Vgl. Lang (2012), [online].
[83] Vgl. focus (2013), [online].
[84] Vgl. Lang (2012), [online].
[85] Vgl. focus (2013), [online].
[86] Vgl. focus (2013), [online].
[87] Vgl. Lang (2012), [online].
[88] Vgl. focus (2013), [online].
[89] Vgl. focus (2013), [online].
[90] Vgl. Lang (2012), [online].

Nachdem das griechische Parlament am 9. Februar dem neuen Sparpaket zugestimmt hat, wird am 21. Februar 2012 das neue 130 Milliarden Euro Hilfspaket von den Euro-FinanzministerInnen beschlossen. Die Verhandlungen mit den Banken werden erfolgreich abgeschlossen, sodass diese auf 53,5 Prozent ihrer Forderungen an Griechenland verzichten. Standard & Poor's erklären das Land für bankrott und senken ihr Rating auf teilweisen Zahlungsausfall.[93,94]

Am 30. März 2012 wird von den Euro-FinanzministerInnen beschlossen, den ESM auf 800 Milliarden auszuweiten, wovon der ESM aber nur 500 Milliarden ausleihen kann.[95]

Aufgrund der angespannten Lage im Bankensektor nach dem Platzen der Immobilienblase in Spanien und der schlechten wirtschaftlichen Lage, senkt Standard & Poor's das Rating des Landes am 26. April 2012 von A auf BBB+. In den Bilanzen der Banken des Landes befinden sich unsichere Immobilienkredite im Ausmaß von etwa 180 Milliarden Euro. Dadurch schwächt sich das Vertrauen der Anleger in Spanische Staatsschuldentitel weiter ab und verschärft so weiter die Schuldenkrise.[96,97]

Die griechische Parlamentswahl vom 06. Mai 2012 führt zu Unklarheiten über die Zusammensetzung der neuen Regierung und somit darüber, wer über neue Kredite verhandeln wird. Derweil sich das Land am Rande des Staatsbankrotts bewegt, misslingt eine Regierungsbildung, sodass für den 17. Juni Neuwahlen angesetzt werden. In Frankreich gewinnt Hollande die Präsidentschaftswahl.[98,99]

Ende Mai steigen die Risikoaufschläge für spanische und italienische Staatsanleihen erneut stark an. Spanien gibt an, dass es Probleme hat, frisches Geld an den Finanzmärkten zu bekommen. Letztlich flüchtet Spanien am 10. Juni unter den Schutz des Rettungsschirms. Am

[91] Vgl. focus (2013), [online].
[92] Vgl. Lang (2012), [online].
[93] Vgl. focus (2013), [online].
[94] Vgl. Lang (2012), [online].
[95] Vgl. focus (2013), [online].
[96] Vgl. focus (2013), [online].
[97] Vgl. Lang (2012), [online].
[98] Vgl. focus (2013), [online].
[99] Vgl. Lang (2012), [online].

20. Juli sagen die Euro-FinanzministerInnen Spanien Hilfen im Ausmaß von 100 Milliarden Euro zu.[100,101]

Nach der neuerlichen Parlamentswahl in Griechenland gelingt am 21. Juni die Regierungsbildung in Athen. Mit Zypern beantragt ein weiteres Land den Schutz des Rettungsschirms. Die Ratingagentur Fitch stuft Zypern auf Ramschniveau herunter.[102]

Die EZB kündigt am 6. September 2012 an, dass sie im Notfall Staatsanleihen von Euroländern ohne Limit ankaufen wird.[103]

Nachdem das deutsche Bundesverfassungsgericht Klagen gegen den ESM abgewiesen hat, ist der Weg zum Inkrafttreten des Europäischen Rettungsschirms frei. Er tritt am 8. Oktober in Kraft.[104]

Mit dem Einlangen des Berichts der Troika über die Lage in Griechenland am 14. Oktober 2012 wird deutlich, dass Griechenland Fortschritte macht aber noch mehr Zeit braucht. Die Euro-FinanzministerInnen geben am 27. November die Auszahlung der nächsten Tranche für Griechenland frei.[105]

Die Einigung auf ein Rettungspaket in Zypern erfolgt in der Nacht zum 16. März 2013. Es wird beschlossen, dass das Land 10 Milliarden Euro erhält. Teil des Paketes ist die Zwangsabgabe für SparerInnen. Jene, die einen Betrag von unter € 100.000,-- auf einer zypriotischen Bank haben, sollen einen Beitrag in der Höhe von 6,75 Prozent zahlen. Für höhere Einlagen sollen 9,9 Prozent fällig werden. Kritiker warnen, dass es aus Furcht vor solchen Maßnahmen, in anderen Krisenstaaten zu Bank-Runs kommen könnte. In Zypern wird der Kapitalverkehr eingeschränkt, die Banken bleiben geschlossen und es bilden sich Schlangen vor den Geldautomaten. In der Woche darauf stimmt das Parlament in Nikosia gegen diesen Plan. Daher wird ein neuer Rettungsplan ausgearbeitet, welcher am 25. März 2013 von den Staats- und Regierungschefs der Euro-Zone beschlossen wird. Das neue Paket beinhaltet die Schließung der Laiki-Bank und die Belastung von Einlagen über 100.000,-- Euro.[106]

---

[100] Vgl. focus (2013), [online].
[101] Vgl. Lang (2012), [online].
[102] Vgl. focus (2013), [online].
[103] Vgl. focus (2013), [online].
[104] Vgl. focus (2013), [online].
[105] Vgl. focus (2013), [online].
[106] Vgl. focus (2013), [online].

Abbildung 6 im Anschnitt 1.3.1.3 zeigt, dass grundsätzlich die Furcht vor einem Bank-Run, wenn das Vertrauen in die Banken schwindet, nicht unberechtigt ist. Müssten dann doch mit der Bilanzposition Kassa die Sicht- und die Spareinlagen ausgezahlt werden.

Bofinger hält die Vorgangsweise in Zypern für einen Tabubruch, bei dem viel Vertrauen verloren geht. Im Gegensatz zu Bundesfinanzminister Schäuble, der meint, dass die Euro-Krise überwunden sei, meint Bofinger, dass wir mitten in der Krise stecken. Bei der Rezession im Euro-Raum und insbesonders in den Problemländern erkennt Bofinger überhaupt keine Trendwende.[107]

---

[107] Vgl. Bofinger (2013a), [online].

1.2 Globale Aspekte der Schuldenkrise

Laut dem Duden leitet sich der Begriff Schulden vom Althochdeutschen sculdōn ab, was so viel bedeutet wie: sich etwas zuziehen, es verdienen bzw. vom Mittelhochdeutschen schulden, im Sinne von schuldig, verpflichtet sein; sich schuldig machen.[108]

Gerade in Zeiten von Finanz- und Schuldenkrisen sind politische Slogans wie *Zukunft ohne Schulden* populär. In Deutschland wird dafür gerne die Haltung der schwäbischen Hausfrau, nämlich, dass *man auf Dauer nicht über seine Verhältnisse leben kann*, als vorbildhaft dargestellt und vom *Wirtschaftswunder* in der Nachkriegszeit gesprochen. In der aktuellen politischen Debatte geht es um ein Wachstum, welches ohne Pump auskommen soll. Bei näherer Betrachtung dieser Vergangenheit ist jedoch ersichtlich, dass diese Erfolge nicht ohne Schulden möglich waren. Auch das *Wirtschaftswunder* basierte auf Wachstum durch Schulden. Damit die Wirtschaft wachsen kann ist es notwendig, dass jemand einen Kredit aufnimmt. Dies können die Unternehmen sein, die auf Kredit Investitionen finanzieren oder KonsumentInnen, die auf Kredit konsumieren. Eine weitere Möglichkeit sind Exporte in die Nachbarländer, die sich dann für diese exportierten Güter verschulden. Wenn der Wohlstand wächst, so wachsen auch die Schulden. Letztlich würde ohne Schulden auch kein Geld[109] existieren.[110]

Kramer kritisiert, dass in den makroökonomischen Modellen Begriffe wie Geld, Überschuldung, Kredit, Vertrauen, Vermögen oder überzogene Hebelwirkungen überhaupt nicht modelliert sind und daher nicht vorkommen. Zwar kennen die Standard-Modelle Abweichungen vom Gleichgewicht und vom Wachstumspfad, doch werden in diesen Modellen durch eingebaute Stabilisierungskräfte oder durch antizyklische Eingriffe diese Abweichungen wieder entschärft. Die Modelle lassen unerwartet auftretende und schwerwiegende Krisen infolge des Platzens von Spekulationsblasen nicht zu, egal ob diese Modelle auf neoklassischen oder auf postkeynesianischen Theorien basieren.[111]

Internationale Entwicklung der Verschuldung von Staaten im Zeitraum vor und nach dem Ausbruch der Finanzkrise:

---

[108] Vgl. Duden (2013a) [online].

[109] Vgl. Abschnitt 1.3.1.

[110] Vgl. Uchatius (2012), [online].

[111] Vgl. Kramer (2012), S. 492.

Bei der Schuldenkrise ist nicht nur der Euroraum betroffen, vielmehr handelt es sich um ein globales Problem. Beispielsweise stieg die Staatsverschuldung Japans im Zeitraum von 2003 bis 2013 von 169,57 Prozent auf 244,98 Prozent des Bruttoinlandsproduktes.[112] Für denselben Zeitraum stiegen die entsprechenden Werte für die Vereinigten Staaten von Amerika von 60,43 Prozent auf 111,72 Prozent an.[113] Im Vergleich dazu hat Griechenland in dieser Zeit seinen Wert von 97,44 Prozent auf 181,84 Prozent nahezu verdoppelt.[114] In Österreich ist der Prozentsatz der Staatsverschuldung von 2003 bis 2007 von 65,27 Prozent auf 60,22 Prozent zurückgegangen (womit das diesbezügliche Maastricht Konvergenzkriterium von 60 Prozent[115] beinahe erreicht worden wäre) und ist in Folge bis 2013 auf 74,94 Prozent angestiegen.[116] Sehr deutlich war die Entwicklung in Großbritannien, wo sich die Staatsverschuldung als Prozentwert in Relation zum BIP mehr als verdoppelt hat und nunmehr bei 93,34 Prozent liegt.[117]

---

[112] Vgl. Statista (2013a) [online].

[113] Vgl. Statista (2013b) [online].

[114] Vgl. Statista (2013c) [online].

[115] Vgl. Zusammenfassungen der EU-Gesetzgebung (2013) [online].

[116] Vgl. Statista (2013d) [online].

[117] Vgl. Statista (2013e) [online].

Eine Publikation des IWF gibt an, dass sich die Staatsverschuldung in den entwickelten Ökonomien von 2007 bis 2011 von 74 auf 105 Prozent rasch angestiegen ist. Prognostiziert ist, dass sich der Wert im Jahr 2014 auf 110 Prozent stabilisieren wird. Folgende Abbildung zeigt die durchschnittliche Entwicklung der Staatsverschuldung in den entwickelten Ländern und in den Entwicklungsländern:[118]

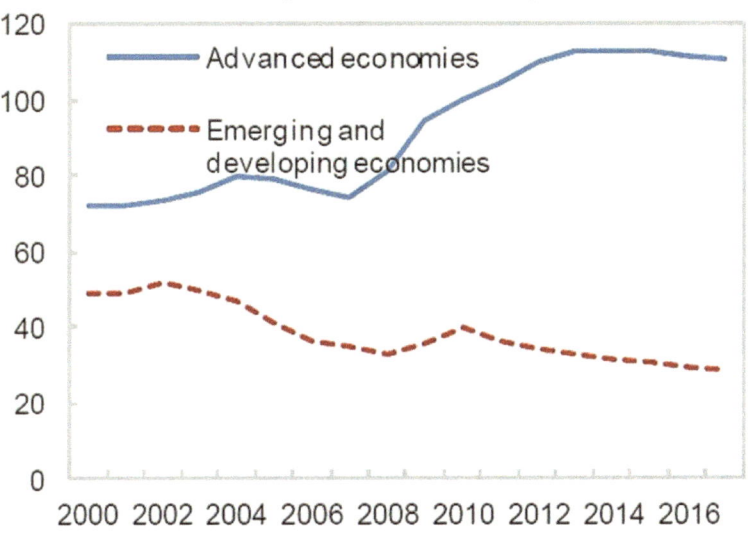

Abbildung 1: Gesamtstaatliche Bruttoverschuldung, Quelle: IWF

Die Abbildung zeigt, dass sich die Staatsverschuldung in Relation zum Bruttoinlandsprodukt bei den sich entwickelnden Ökonomien relativ kontinuierlich entwickelt hat. Bei den entwickelten Volkswirtschaften zeigt sich für den Zeitraum von 2003 bis 2007 eine seitwärts Bewegung und danach ein deutlicher Anstieg.

---

[118] Vgl. Arslanalp/Tsuda (2012), S. 5 [online].

1.2.1 Die neoliberale Sicht auf die Schuldenkrise

Schon Mitte der fünfziger Jahre bereiteten die damaligen Außenseiter Friedman und Hayek die Neoliberale Gegenoffensive vor. Ihre wesentlichen Angriffspunkte waren die Regulierung der Finanzmärkte und die (langfristige) Ineffizienz bzw. Schädlichkeit der Vollbeschäftigungspolitik.[119]

Der Zusammenbruch des Realsozialismus hat zum Sieg des Paradigmas des Neoliberalismus wesentlich beigetragen. Hagen sieht dies durch den Wegfall des noch so mangelhaften Gegenmodells bedingt.[120]

Der Neoliberalismus an sich kann als ein gesellschaftliches Reformprogramm angesehen werden.[121] Es handelt sich also um ein gesellschaftspolitisches und nicht nur um ein wirtschafts- und sozialpolitisches Konzept.[122]

Es wird im neoliberalistischen Denken davon ausgegangen, dass der Markt jeder anderen Form der sozialen Koordination überlegen sei. Radikal und konsequent zu Ende gedacht, produziert der Markt nach Hayek weniger fehlerhafte Resultate als die Demokratie. Demnach sei der Markt der Demokratie als Mittel zur sozialen Koordination überlegen. Darüber hinaus wird der bewussten Planung und Gestaltung von sozialen Prozessen, als einem zentralen Anliegen des klassischen Liberalismus, eine Absage erteilt. Der kreative Geist des Menschen wird als reaktiv, bezogen auf den Markt betrachtet.[123]

Die Grundmaxime lautet, möglichst den Konkurrenzmechanismus des Marktes über den Ressourceneinsatz und die Verteilung der erwirtschafteten Ergebnisse entscheiden zu lassen. Das Ziel dabei ist die Optimierung der wirtschaftlichen Prozesse.[124]

Der Neoliberalismus geht von zwei Grundthesen aus. Die erste betont den Primat der Ökonomie gegenüber der Politik. Es ist dies der Primat des Marktes und vertragstheoretischen Organisation. Der Kerngedanke dabei ist, dass der Markt nicht nur ein Mittel zum Zweck, sondern er ist selbst der Zweck. Das Marktprinzip beschreibt hier eine spezifische Variante der Vertragslogik, nämlich jene des freien Austausches. Dabei sei die allgemeine Wohlfahrt

---

[119] Vgl. Schulmeister (2010), S. 46.

[120] Vgl. Hagen (1999), S. 13

[121] Vgl. Schui/Blankenburg (2002), S. 74f.

[122] Vgl. Schmee/Weissel (1999), S. 7.

[123] Vgl. Ötsch (2007), S. 4 [online].

[124] Vgl. Schmee/Weissel (1999), S. 7.

das Ergebnis der individuellen Tauschakte. Bei den Tauschakten wird davon ausgegangen, dass diese auf Zweckrationalität beruhen. Willkürakte werden durch das private Vertragsrecht begrenzt oder gar ausgeschlossen, sodass die Kooperation zwischen Individuen prinzipiell nicht gefährdet ist.[125]

Die zweite Grundthese ist die des Primates einer gesellschaftlichen Ordnung auf der Basis von kultur-evolutionären Entwicklungsgesetzen. Im Gegensatz zu einer kollektiven planerischen Ordnung tritt eine *spontane Ordnung* (Hayek).[126]

Die vertragstheoretische Variante der neoliberalen Theorie geht davon aus, dass die Möglichkeit zu spontaner Kooperation vorauszusetzen ist. Wie im Keynesianismus und im marktwirtschaftlichen Denken generell, wird von der Annahme der Akzeptanz der privaten Vertrags- und Eigentumsrechte ausgegangen. Im Sinne des Neoliberalismus sei der Markt ein Wissens- und Entdeckungsprozess. Er wird auch als ein Spiel beschrieben, welches sowohl Anteile eines Geschicklichkeitsspieles, als auch jene eines Glücksspieles aufzeigt. Damit dieses Spiel einen Sinn habe und es die Spieler motiviert, müsse dessen Ausgang ungewiss sein. Die Regeln für dieses Spiel sind nicht durch planerische Vernunft oder durch Machtinteressen entwickelt worden, sondern sie seien das Ergebnis von unbewusster evolutionärer Entwicklung und von Selektion. Das Marktprinzip solle die Politik erobern und die ihm zugrundeliegenden Spielregeln (Vertragsfreiheit, Privateigentum, Gleichheit vor dem Recht) seien unantastbar.[127]

Das verbindende Element zwischen den beiden Grundthesen sei der Wettbewerb als Entdeckungsprozess, bei dem alle TeilnehmerInnen etwas zu verlieren hätten. Das zweckrationale Individuum würde ohne diesen Überlebenskampf zum Trittbrettfahrer werden. Der einzige Anreiz zum Handeln sei es, das eigene Überleben zu sichern und die Sicherstellung der eigenen Überlegenheit. Der Wohlfahrtsstaat würde dazu führen, dass sich Menschen aus Gründen der Zweckrationalität *auf die faule Haut legen* würden.[128]

Weiters wird in der neoliberalen Theorie davon ausgegangen, dass *der Markt die Freiheit* weltweit und allgemein fördert. Der Freiheitsbegriff selbst bezeichnet dabei eine Handlungsfreiheit. Es ist die Freiheit, ungehindert von jeder sozialen Autorität *am Markt* frei zu tauschen. Dies inkludiert auch sich selbst bzw. die eigene Arbeitskraft zu tauschen. Das

---

[125] Vgl. Schui/Blankenburg (2002), S. 76f.

[126] Vgl. Schui/Blankenburg (2002), S. 76f.

[127] Vgl. Schui/Blankenburg (2002), S. 79ff.

[128] Vgl. Schui/Blankenburg (2002), S. 81.

Soziale muss vom Konzept der Wirtschaft strikt getrennt werden, da der freie Markt ohnehin für seine eigene Gerechtigkeit sorgt, die das *Ergebnis der Freiheit aller* sei und die darum von allen akzeptiert werden müsse (Hayek).[129]

In der Nachkriegszeit wurde mit der weißen Arbeiterklasse der Nordatlantischen Staaten (von den USA bis Westdeutschland die Übereinkunft getroffen, dass wenn diese Arbeiterklasse den Traum von einem tiefgreifenden Systemwandel aufgibt, sie die Gewerkschaften behalten und eine Vielzahl von sozialen Leistungen, wie Krankenversicherung, bezahlten Urlaub und Renten in Anspruch nehmen dürfen. Dabei war das möglicherweise wichtigste Zugeständnis, dass den Arbeiterkindern durch den Ausbau und die Finanzierung von Bildungseinrichtungen, die reale Chance auf sozialen Aufstieg geboten wurde. Diese Ordnung brach Ende der Siebzigerjahre mit Ereignissen wie der Ölkrise, Finanzchaos und der Erwartung des Endes des Wachstums offensichtlich zusammen. Unter Ronald Reagan und Margaret Thatcher begann ein regelrechter Feldzug gegen die Macht der Gewerkschaften und die Hinterlassenschaften von Keynes. Auch wurde der Konnex zwischen Löhnen und Produktivität aufgebrochen. Bei stagnierenden oder sogar sinkenden Löhnen stieg die Produktivität weiter.[130]

Von Seiten der Neoliberalen wird eine moderate Lohnpolitik vorgeschlagen. Konkret solle der Reallohnzuwachs einen Prozent unter dem Produktivitätszuwachs liegen. Aus Solidarität mit den Arbeitslosen sollten sich die Beschäftigten damit begnügen. Wenn der Reallohnzuwachs unter dem Produktivitätszuwachs liegt, profitieren dabei die Arbeitgeber, wobei hier eine Solidarität der Eigentümer des Kapitals mit den Besitzlosen nicht gefordert wird. Untersuchungen dazu zeigen, dass beispielsweise die Reduktion des Lohnniveaus um einen Prozentpunkt, die Anzahl der Beschäftigten nur um 0,5 bis 0,8 Prozent erhöhen würde, und damit unterproportional wirkt.[131]

---

[129] Vgl. Ötsch (2007), S. 5 [online].
[130] Vgl. Graeber (2011), S. 392ff.
[131] Vgl. Weissel (1999), S. 68.

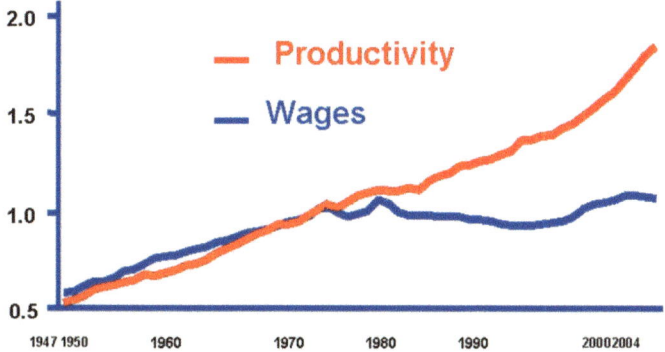

Abbildung 2: Entwicklung der Produktivität und der Löhne in den USA

Quelle: The Berkeley Journal of Employment and Labor Law presents the Second Annual
David E. Feller Memorial Labor Law Lecture: "How a Low Wage Economy with Weak
Labor Laws brought Us the Mortgage Credit Crisis"[132]

Obiges Diagramm zeigt, dass sich in der Nachkriegszeit die Löhne und die
Produktivitätszuwächse bis zum Ende der Siebziger Jahre parallel entwickelten. Danach
stagniert die Entwicklung des Lohnniveaus weitgehend, wohingegen der Zuwachs an
Produktivität ungehemmt weiter geht und sich am Ende sogar noch beschleunigt.[133] Die
Situation in Deutschland und Japan zeigt die gleiche Entwicklung.[134] Der Anteil der
Arbeitseinkommen am Gesamteinkommen ist in jenen 16 Mitgliedern der OECD im Zeitraum
von 1970 bis 2010 von etwa 70% auf 65% gefallen.[135]

Zum Ausgleich dafür, dass die Löhne nun nicht mehr stiegen, wurden die Arbeiter ermutigt,
selbst zu Investoren zu werden, indem sie sich einen Anteil am Kapitalismus (beispielsweise
Aktien) kaufen. In den USA wurden Vorsorgepläne eingeführt, die es breiten
Bevölkerungsschichten ermöglichte, in Wertpapiere zu investieren um sich so Anteile an den
Gewinnen zu sichern. Zu den Grundprinzipien der Wirtschaftspolitik von Reagan und
Thatcher zählte, dass für ArbeitnehmerInnen die Möglichkeit zum Erwerb eines Eigenheims
geboten werden müsse, damit diese die Ansätze dieser Wirtschaftspolitik akzeptieren. Daher

---

[132] Vgl. Silvers (2008), [online].

[133] Vgl. Silvers (2008), [online].

[134] Vgl. International Labour Office (2013), S. 46ff [online].

[135] Vgl. International Labour Office (2013), S. 43 [online].

25

wurden die ArbeitnehmerInnen auch dazu ermutigt sich zu verschulden. Für den Erwerb der Eigenheime wurden ab den neunziger Jahren Hypothekenrefinanzierungspläne geschaffen.

Unter der Prämisse, dass die Immobilienpreise immer weitersteigen, sollten sich diese auf Kredit basierten Finanzierungspläne zu Geldautomaten entwickeln. Diese Ordnung, die Reagan und Thatcher etablierten, wurde innerhalb der USA als *Demokratisierung der Finanzen* oder *Finanzialisierung des Alltagslebens* bezeichnet. Außerhalb der USA setzte sich dafür die Bezeichnung Neoliberalismus durch.[136]

Es kann davon ausgegangen werden, dass die Vorsorgepläne für breite Bevölkerungsschichten dazu geführt haben, dass den Finanzmärkten in Summe erhebliche Mittel zugeflossen sind, welche die Exzesse zumindest begünstigt haben.[137]

Lösungsansätze für die Schuldenkrise aus neoliberaler Sicht:

Von neoliberaler Seite werden folgende Standardempfehlungen zur Budgetkonsolidierung ausgesprochen:[138]

✓ Konsolidierung durch Kürzung der Staatsausgaben, also durch eine konsequente Sparpolitik.

✓ Dabei sollen am stärksten jene Ausgaben reduziert werden, die Anreize zur Arbeitslosigkeit stärken bzw. die Eigenvorsorge hemmen.

✓ Erhöhung der Effizienz der staatlichen Verwaltung durch Einsparungen im öffentlichen Dienst.

✓ Subventionen an Unternehmen verzerren die Wettbewerbsbedingungen und Preise. Deren Streichung würde diese Verzerrungen verhindern und die Budgets entlasten.

✓ Wenn sich Steuererhöhungen nicht vermeiden lassen, so dürfen diese keinesfalls Leistungsanreize mindern. Insbesonders dürfen die hohen Einkommen und Vermögen der sogenannten LeistungsträgerInnen nicht zusätzlich belastet werden.

✓ Es wird empfohlen umfassende Privatisierungen vorzunehmen. Dies betrifft die Beteiligung an Industrieunternehmen, Banken und Dienstleistungen der Daseinsvorsorge.

Arbeitslosenunterstützung wird im neoliberalen Denken deshalb abgelehnt, weil davon ausgegangen wird, dass die Menschen nur durch die Gesetze des Marktes zum Arbeiten

---

[136] Vgl. Graeber (2011), S. 395.
[137] Vgl. Abschnitt 1.2.3
[138] Vgl. Schulmeister (2010), S. 52.

26

animiert werden können. Die Arbeitslosenunterstützung würde daher die Gesetze des Marktes außer Kraft setzen und somit eine Wettbewerbsverzerrung darstellen.[139]

Hinsichtlich der Sozialpolitik wird argumentiert, dass diese den Zusammenhang zwischen Leistung und Einkommen zerstöre. Dies sei dysfunktional, da die Effizienz vermindert und Leistungsanreize beeinträchtigt werden würden. Resultat der Umverteilung sei ein Produktionsrückgang, sodass insgesamt weniger produziert werden könne als beim Fehlen der Umverteilung.[140]

Zu Subventionen wird die Überlegung artikuliert, dass damit Unternehmen am Leben erhalten werden, die nicht überleben bzw. gar nicht gegründet hätten werden sollen. Diese seien auf Kosten von SteuerzahlerInnen und KonsumentInnen ineffizient. Dabei wird ausgeklammert, dass Klein- und Mittelbetriebe gegenüber Großunternehmen im Wettbewerb oft unterlegen sind und so die Großen die Kleinen verdrängen können.[141]

Die Ablehnung von Steuererhöhungen für die LeistungsträgerInnen wird damit begründet, dass diese weniger leisten oder investieren, wenn durch diese Steuererhöhung sich deren Nettoeinkommen verringern.[142]

Betreffend Privatisierungen wird seitens der Vertreter des Neoliberalismus angeführt, dass diese den privaten Handlungsspielraum gegenüber dem Staat erhöhen soll. Hier wird von der Prämisse ausgegangen, dass Private besser wirtschaften würden und sich Märkte selbst effizient regeln. Wenn der Staat existiert, sollte er dies im Rahmen eines *Nachtwächterstaates* tun. In der öffentlichen Kommunikation wird statt vom Nachtwächterstaat vom *schlanken Staat* gesprochen.[143]

---

[139] Vgl. Zilian (1999), S. 41.

[140] Vgl. Weissel (1999), S. 70.

[141] Vgl. Weissel (1999), S. 72f.

[142] Vgl. Weissel (1999), S. 74.

[143] Vgl. Pirker (1999), S. 33.

1.2.2 Die keynesianische Sicht auf die Schuldenkrise

Skidelsky sieht in der aktuellen Krise einen sogenannten schwarzen Schwan. Es ist dies ein Sturm, welcher aus heiterem Himmel und unerwartet über die Welt hereinbricht, wobei alle Welt glaubt, dass derartige Extremereignisse nur die Vergangenheit betreffen.[144]

Die Finanzkrise verursachte einen der heftigsten Einbrüche der Wirtschaft in den letzten hundert Jahren. Die Volkswirtschaften wurden von einem Schock getroffen. Laut Keynes kann eine Volkswirtschaft, wenn sie von einem Schock getroffen wird, ihre Dynamik nicht mehr aufrechterhalten. In diesem Fall kommen auf den Staat zwei Aufgaben zu:[145]

✓ Im Falle einer sich abzeichnenden Deflation sollen Staaten die Wirtschaft stimulieren.

✓ Es ist die Aufgabe von Staaten, zu verhindern, dass es überhaupt zu ernsthaften Schocks kommt.

Kramer sieht im Keynesianismus eher als in der Neoklassik das Potential, die Realität zu erkennen, die Ursachen der Krise richtig zu diagnostizieren und diese auch therapieren zu können.[146] Den Sozialstaat sieht Kramer eben nicht, wie von der Tea-Party dargestellt, als verdammenswert oder überwunden an. Die scheinbare Alternative, beispielsweise zur Altersversorgung durch Kapitaldeckung, wurde durch die Finanzmarktkrise desillusioniert.[147]

Für Tichy waren die steigenden Schuldenquoten weniger das Resultat von aus dem Ruder gelaufener Staatsausgaben, sondern vielmehr die direkte und auch indirekte Folge der Finanzmarktkrise. Die Ursachen der Finanzmarktkrise wiederum sieht er im unerwarteten Zusammentreffen mehrerer Ursachen in den USA. Das Überangebot von Finanzmitteln auf der Suche nach Anlagemöglichkeiten in Verbindung mit einer expansiven Geldpolitik und eine exzessive Kreditexpansion bei Hypothekarkrediten führte zu einer Immobilienblase. Durch die Deregulierung der Finanzmärkte und neue Modelle zur Risikobewertung wurden Finanzinnovationen ermöglicht, die zur Bündelung dieser Kredite und deren Verkauf in Tranchen führten. Nach dem Platzen der Immobilienblase führte die weltweite Verflechtung der Banken und infolge der umfangreichen Anlagen in US-Immobilienwerten in Form komplexer Finanzderivate zu einem raschen Übergreifen der Krise auf Europa.[148]

---

[144] Vgl. Skidelsky (2010), S. 25.
[145] Vgl. Skidelsky (2010), S. 13f.
[146] Vgl. Kramer (2012), S. 492.
[147] Vgl. Kramer (2012), S. 495.
[148] Vgl. Tichy (2011), S. 797f.

Skidelsky, als profunder Kenner des Werkes von Keynes, interpretiert die Ideen des Keynesianismus für die Situation nach der Lehman Pleite folgendermaßen:[149]

Er sieht keinen Sinn darin nach der Schuld bei handelnden Akteuren wie etwa Politikern oder Bankern zu suchen. Vielmehr haben jene Ideen versagt, auf dessen Basis die beteiligten Personen gehandelt haben.[150]

Die beiden makroökonomischen Schulen, die Keynesianer (Neukeynesianer) und die Neoliberalen (neoklassische Ökonomen) bezeichnet Skidelsky als die Gravitationszentren der modernen Makroökonomie.[151] Beide Schulen teilen die gleichen Grundprämissen. Es sind dies:[152]

✓ die Hypothese der rationalen Erwartungen (Rational Expectations Hypothesis),

✓ die Theorie der realen Konjunkturzyklen (Real Business Cycle Theory) und

✓ die Effizienzmarkthypothese (Efficient Market Hypothesis).

Die Neoliberalen entwickelten die Hypothese der rationalen Erwartungen, um die Nutzlosigkeit bzw. die Schädlichkeit staatlicher Eingriffe zu begründen. Die ökonomischen Theorien fußen auf dem Fundament eines umfassenden und präzisen Wissens über künftige Ereignisse. Dieser Hypothese liegen zwei Annahmen zugrunde. Die erste besagt, dass der erwartete Wert eines Preises jenem entspricht, der vom Prognosemodell vorhergesagt wurde. Abweichungen ergeben sich aufgrund von Störgrößen wie Restunwissenheit oder Inkompetenz. Die zweite Annahme ist, dass Menschen zur Erstellung von Prognosen ein korrektes ökonomisches Modell verwenden. Die korrekten ökonomischen Modelle kristallisieren sich dabei durch einen Darwin'schen Ausleseprozess heraus. Von keynesianischer Seite wird die Hypothese der rationalen Erwartungen zwar, wie von den Neoliberalen, ebenfalls akzeptiert, aber sie geben die Existenz von *Friktionen* zu, welche eine sofortige Anpassung an andere Bedingungen verhindert. Für dieses Zeitfenster befürworten sie staatliche Interventionen im Interesse besserer Ergebnisse.[153]

Auch die Theorie der realen Konjunkturzyklen geht, wie die Hypothese der rationalen Erwartungen, davon aus, dass Märkte dann effizient sind, wenn es zu keinen staatlichen

---

[149] Vgl. Skidelsky (2010), S. 245ff.

[150] Vgl. Skidelsky (2010), S. 60.

[151] Vgl. Skidelsky (2010), S. 61.

[152] Vgl. Skidelsky (2010), S. 64.

[153] Vgl. Skidelsky (2010), S. 65ff.

Eingriffen kommt. Die Grundannahme ist wiederum, dass die Märkte immer geräumt werden, also die Nachfrage immer dem Angebot entspricht. Diese Theorie besagt, dass die realen Konjunkturzyklen die Folge von Fluktuationen des potentiellen Produktionsniveaus seien. Die Fluktuationen werden mit dem Nachhallen von realen Produktivitätsschocks erklärt. Zeiten mit hoher Arbeitslosigkeit werden mit Informationsproblemen erklärt.[154]

Laut der Effizienzmarkthypothese repräsentieren die Preise von Finanzinstrumenten die bestmögliche Schätzung jener Risiken, die mit deren Besitz verbunden sind. Die Risikomodelle von Banken basieren auf der Effizienzmarkthypothese und liefern Bandbreiten von Wahrscheinlichkeiten für zukünftige Ereignisse. Zentral für diese Modelle ist die Risikoverteilung auf Basis der Normalverteilung. Die Normalverteilung ignoriert die Möglichkeit extremer Ereignisse wie *schwarzer Schwäne*. In diesen Risikomodellen wird die mögliche Korrelation verschiedener Risiken untereinander nicht berücksichtigt. Basieren die Schätzungen für die Wahrscheinlichkeitsverteilung auf Zyklen in denen es keine Panikperioden gab, dann wird die Wahrscheinlichkeit für extreme Preisbewegungen unterschätzt. Skidelsky argumentiert weiters, dass im Gegensatz zu Risiken wie etwa bei Sachversicherungen, die Risiken für komplexe Derivate nicht korrekt berechenbar sind. Für ihn entbehrt die Verwendung des Begriffs *Risiko* zur Beschreibung von Zufallsereignissen wissenschaftlicher Grundlagen, die eine marktberuhigende trügerische Exaktheit suggeriert.[155]

Hauptargument des Buches von Skidelsky ist, dass die Wirtschaftswissenschaft darin versagt hat, die Unsicherheit ernst zu nehmen. Unsicherheit, im Sinne von Keynes, bedeutet dabei, dass es nicht möglich ist einem zukünftigen Ereignis eine Wahrscheinlichkeit zuzuordnen.[156] Dieses Versäumnis habe die Wirtschaftswissenschaft versucht mittels komplizierter Mathematik zu kaschieren. Bezüglich der Unsicherheit gilt es, diese vom Risiko zu unterscheiden. Die Unsicherheit ist bei jenen Märkten am stärksten, welche den größten Einfluss auf die Stabilität und das Wachstum der Volkswirtschaft haben. Diese Märkte sind die Finanz- und die Investitionsmärkte.[157]

Skidelsky nimmt die gegenwärtige Krise als Beleg dafür, dass wir in einer Welt der Unsicherheit leben. Für ihn ist die Krise keine Krise der asymmetrischen Information,

---

[154] Vgl. Skidelsky (2010), S. 70ff.

[155] Vgl. Skidelsky (2010), S. 73ff.

[156] Vgl. Skidelsky (2010), S. 79.

[157] Vgl. Skidelsky (2010), S. 271f.

sondern eine *Krise der symmetrischen Ignoranz*. Der Kern der Sache sei ausnahmslos die Ignorierung des Einflusses der nicht reduzierbaren Unsicherheit auf das Verhalten.[158]

Die Notwendigkeit, über grundlegende Vorstellungen neu nachzudenken, ergibt sich bei jedem großen Versagen. Skidelsky sieht in der Krise das moralische Versagen einer Ordnung, welche auf Geld als einzigen Wert aufgebaut ist und bei der das Wirtschaftswachstum zum Selbstzweck geworden ist. Diese Haltung steht einem Weg zum *guten Leben* gegenüber. Der intellektuelle Fehler bestünde in der Vorstellung vom effizienten Markt in der Mainstream-Ökonomie, die den Zusammenbruch des Marktes nicht vorhersah.[159]

Skidelsky spricht von politischen Konjunkturzyklen. Diese bezeichnen den Wechsel zwischen *liberalen* (bzw. sozialdemokratischen) und *konservativen* Phasen. Skidelsky gibt diesbezüglich an, dass die liberalen Phasen der *Korruption durch Macht* unterliegen. Dabei unterliegen die Idealisten den Opportunisten und konservative Argumente obsiegen gegen eigennützige PolitikerInnen. Konservative Phasen hingegen würden in *Korruption durch Geld* enden. Wenn dies der Fall ist, nützen Banken und Unternehmen die Möglichkeiten aus der Deregulierung zur eigenen Bereicherung, während die Einkommen der NormalverdienerInnen stagnieren oder fallen. Dabei würde die heutige Krise eine Krise des Konservativismus sein. Unter dem Deckmantel der Effizienz seien Arbeitsplätze in Billiglohnländer verlagert, die Natur zerstört und der gesellschaftliche Zusammenhalt untergraben worden. Die Antwort auf die Frage, wie es diesbezüglich weiter geht, sei im intellektuellen und im moralischen Bereich zu finden. Es ginge darum, ob die Ökonomie dazu fähig sei ihre eigenen Kernprinzipien zu hinterfragen und ob ohne Rückfall in den Nationalismus die Vorherrschaft des Geldes infrage gestellt werden könne.[160]

Skidelsky schlussfolgert, dass die in den letzten dreißig Jahren dominante ökonomische Lehre ein System begünstigte, welches die Wahrscheinlichkeit für das Auftreten von Finanzkrisen erhöht hat. Die Basis dazu war der Irrglaube, dass alle Risiken korrekt bewertbar sind und sich daher die Finanzmärkte optimal selbst regulieren.[161]

---

[158] Vgl. Skidelsky (2010), S. 82ff

[159] Vgl. Skidelsky (2010), S. 245f.

[160] Vgl. Skidelsky (2010), S. 248f.

[161] Vgl. Skidelsky (2010), S. 90f.

Lösungsansätze für die Schuldenkrise aus keynesianischer Sicht:

Schulmeister fordert einen New Deal für Europa.[162] Laut seinen Vorstellungen soll sich dieser aus folgenden Komponenten zusammensetzen (eine detailliertere Darstellung findet sich im Anhang[163]):

Durch eine stabile und wachstumsorientierte Geldpolitik sollen realwirtschaftliche Aktivitäten gestärkt und kurzfristige Finanzinvestitionen eingeschränkt werden.[164] Der von Schulmeister geforderte New Deal soll dabei folgende Komponenten beinhalten:

✓ Die Eindämmung der Finanzalchemie von Banken, Hedge Funds und Brokern.[165]

✓ Die Einführung einer generellen Finanztransaktionssteuer.[166]

✓ Die Neugestaltung der steuerlichen Rahmenbedingungen und die Harmonisierung des Steuersystems in der EU.[167]

✓ Die Einführung von neuen Arbeitszeitmodellen bzw. neuen Lebensarbeitszeitmodellen.[168]

✓ Die Verbesserung der Infrastruktur in Europa um Wachstumsimpulse zu setzen.[169]

✓ Die Umgestaltung zu einer ökosozialen Marktwirtschaft:[170]

✓ Die Entwicklung und Anschaffung umweltfreundlicher Autos.[171]

✓ Eine teilweise End-Ökonomisierung des Bildungssystems.[172]

✓ Die Schaffung einer Mindestsicherung durch die EU.[173]

Ähnliche Maßnahmen erachtet Schulmeister als notwendige Erneuerungen der wirtschaftlichen Rahmenbedingungen für die globale Ebene:[174]

---

[162] Vgl. Schulmeister (2010), S. 76ff.

[163] Vgl. Anhang S. 96ff.

[164] Vgl. Schulmeister (2010), S. 95ff.

[165] Vgl. Schulmeister (2010), S. 99ff.

[166] Vgl. Schulmeister (2010), S. 104ff.

[167] Vgl. Schulmeister (2010), S. 106f.

[168] Vgl. Schulmeister (2010), S. 108ff.

[169] Vgl. Schulmeister (2010), S. 119f.

[170] Vgl. Schulmeister (2010), S. 120f.

[171] Vgl. Schulmeister (2010), S .121.

[172] Vgl. Schulmeister (2010), S. 122f.

[173] Vgl. Schulmeister (2010), S. 123f.

✓ Die Notwendigkeit für eine Erneuerung des Weltwährungssystems.[175] Um große Schwankungen der Rohstoffpreise und der Realzinsen für internationale Schulden zu stabilisieren, sollen diese nicht mehr in Dollar, sondern in einem Bündel der vier wichtigsten Währungen notieren.[176]

✓ Da es sich bei Erdöl um eine nicht erneuerbare Ressource handelt, sollte der Preis dieses Gutes schneller steigen als das allgemeine Preisniveau.[177]

✓ Die Einführung einer generellen Finanztransaktionssteuer (beispielsweise mit einem Steuersatz von 0,05).[178]

✓ Die Finanzierung der Verbesserung von Umweltbedingungen für weniger entwickelte Weltregionen durch die Erneuerung des Konzeptes eines Marshallplans.[179]

✓ Die schrittweise Harmonisierung der sozialen und ökologischen Standards für den Konsum und die Produktion in den verschiedenen Ländern.[180]

Zur Zähmung des Finanzsektors plädiert Skidelsky dafür, dass eine Rückkehr zur Philosophie des Glass-Stegall-Act und damit zum Trennbankensystem notwendig sei. Dies bedeutet, dass Geschäftsbanken nur begrenzte Risiken eingehen dürfen und dafür die Hilfe der Zentralbank in Anspruch nehmen können wenn sie über eine Einlagenversicherung verfügen. Hoch riskante Geschäfte blieben den Investmentbanken vorbehalten. Dafür dürften diese keine Einlagen von Privatkunden entgegen nehmen und keine staatlichen Hilfen beanspruchen. Weiters dürfte keine Investmentbank zu groß zum Scheitern werden dürfen.[181]

Da die Volkswirtschaften zyklisch ziemlich instabil sind, bedarf es makroökonomischer Maßnahmen. Für Skidelsky gehören daher punktuelle fiskalpolitische Maßnahmen in den

---

[174] Vgl. Schulmeister (2010), S. 83ff.

[175] Vgl. Schulmeister (2010), S. 84.

[176] Vgl. Schulmeister (2010), S. 85.

[177] Vgl. Schulmeister (2010), S. 86f.

[178] Vgl. Schulmeister (2010), S. 89.

[179] Vgl. Schulmeister (2010), S. 90.

[180] Vgl. Schulmeister (2010), S. 92.

[181] Vgl. Skidelsky (2010), S. 252f.

makroökonomischen Werkzeugkasten von Regierungen, wobei von der Annahme, dass eine Feinplanung möglich sei, Abstand genommen werden sollte.[182]

Um zu verhindern, dass mehr gespart als investiert wird, ist für Skidelsky die Kurierung der Sparwut erforderlich. Für Keynes war es, um Vollbeschäftigung zu sichern notwendig, durch die Geldpolitik die Zinsen langfristig niedrig zu halten und fiskalpolitisch durch öffentliche Investitionen die Nachfrage zu steigern. Makroökonomisches Ziel für Keynes war es, zur Lösung des ökonomischen Problems einen Boom zu generieren, damit die Menschen *weise, angenehm und gut* leben können.[183]

Für Keynes verdirbt eine auf Export basierte Wachstumspolitik die politischen Beziehungen zwischen den Ländern. Eine internationale Arbeitsteilung bringe zwar Vorteile mit sich, aber diese Arbeitsteilung soll nicht übertrieben werden. Eine weniger effiziente Investition im Inland sei einer Auslandsinvestition vorzuziehen, da eine schlechte Auslandsinvestition gänzlich verloren sei. Bei einer schlechten Inlandsinvestition bleibe zumindest irgendetwas übrig. Ein Protektionismus sei die zweitbeste Form einer Arbeitsmarktpolitik auf die im Notfall zurückgegriffen werden kann. Skidelsky interpretiert dies so, dass der Globalisierung Grenzen zu setzen sei.[184]

Keynes Vision von einer harmonischen Welt interpretiert Skidelsky als jene einer *harmonischen Gesellschaft* wobei Vielfalt essentiell sei. Eine harmonische Ökonomie habe dabei eine nationale und eine internationale Dimension. Durch Investitionen und die Umverteilung würde Vollbeschäftigung erreicht und damit der Druck zum Außenhandel gesenkt. Die makroökonomischen Ungleichgewichte sollen durch eine Clearing Union für den internationalen Zahlungsverkehr beseitigt werden. Dies würde von selbst zu einer größeren Vielfalt in der Welt, zur Weiterentwicklung regionaler und nationaler Identitäten und zu einer Stabilisierung der Währungen führen. Dabei sei Zusammenarbeit notwendig um sich den aktuellen globalen Herausforderungen zu stellen und um diese zu bewältigen.[185]

---

[182] Vgl. Skidelsky (2010), S. 258f.

[183] Vgl. Skidelsky (2010), S. 259f.

[184] Vgl. Skidelsky (2010), S. 268f.

[185] Vgl. Skidelsky (2010), S. 275f.

1.2.3 Die Exzesse im Investmentbereich – Auswirkungen der Liberalisierung im Investmentbereich

Fast jeder und jede kennt den Werbespruch: „Lassen Sie ihr Geld für sich arbeiten".[186,187] Auch wenn dieser Slogan nunmehr weniger Verwendung findet (schließlich unterliegen auch Werbebotschaften einer Abnutzung) zeigt sich dahinter eine gewisse Geisteshaltung. Es wurde versucht die Finanzwirtschaft von der Realwirtschaft zu entkoppeln und eine sich selbst in Gang haltende Gelddruckmaschine zu erfinden. Dies entspricht dem Versuch die Marx'sche Grundformel G – W – G (mit Geld eine Ware einkaufen um sie dann für mehr Geld weiter zu verkaufen) durch die Abkürzung G – G (aus Geld direkt mehr Geld zu gewinnen) zu ersetzen.[188] In der typischen Tauschsequenz Geld – Ware – Geld – Ware spielt der Finanzsektor eine zwar wichtige, aber in Bezug auf die Realwirtschaft dienende Rolle. Er spielt eine Rolle als Schmiermittel für die Realwirtschaft in räumlicher (für den Handel) und zeitlicher (für Investitionen) Hinsicht und dient somit einem Selbstzweck.[189] Bei der selbstreferentiellen Vermehrung von Geld im Sinne von Geld – Geld – Geld – Geld (Tausch unterschiedlicher Geldarten) wird das Geld zum Selbstzweck.[190] Dabei lassen sich zwei verschiedene Varianten unterschieden:[191]

✓ Sogenanntes schnelles Geld wird durch kurzfristiges Trading von verschiedensten Finanzinstrumenten, wie Anleihen, Devisen, Aktien oder Finanzderivaten (Optionen, Futures Swaps) vermehrt.

✓ Langsames Geld wird durch Halten von Finanzinstrumenten, deren Wert oft über längere Zeiträume ansteigt vermehrt. Beispiele dafür sind der Aktienboom der 1980er Jahre und der Anstieg der Immobilienpreise in den USA, welcher in den 1990er Jahren begann und bis ins Jahr 2007 andauerte.

Mittels sogenannter Leerverkäufe und unter Verwendung von Finanzderivaten lassen sich aber auch fallende Kurse in Profite verwandeln. Beim schnellen Trading werden keine realen Werte geschaffen, sondern es handelt sich dabei um ein Null-Summenspiel, bei dem sich die Summe der Gewinne und die Summe der Verluste gegenseitig aufheben und somit nur

---

[186] Als exemplarisches Beispiel sei hier auf eine Werbung der Volkswagenbank verwiesen (2012) [online].

[187] Vgl. Schulmeister (2010), S. 32.

[188] Vgl. Schnaas (2010), [online].

[189] Vgl. Schulmeister (2009), S. 42, [online].

[190] Vgl. Schulmeister (2010), S. 35.

[191] Vgl. Schulmeister (2009), S. 42, [online].

monetäre Werte umverteilt werden. Der Gewinn des einen Spielers entspricht dem Verlust des anderen Spielers. Beim langfristigen Halten von Wertpapieren entstehen, bei steigenden Kursen, zunächst Bewertungsgewinne für alle Besitzer dieser Wertpapiere. Allerdings sind diese Bewertungsgewinnen ungleich verteilt. Professionelle Anleger steigen tendenziell bei einem Boom eher früher ein und lukrieren höhere Gewinne als Späteinsteiger die den Aufwärtstrend eher später erkennen und somit zeitversetzt einsteigen. Übersteigen dann die Kurse den realwirtschaftlich gerechtfertigten Gleichgewichtspreis, kommt es früher oder später zu einem Abwärtstrend, der die überschießenden Bewertungsgewinne wieder eliminiert. Schulmeister sieht auch hier ein Null-Summenspiel, bei dem eine Umverteilung von den Amateuren zu den Profis stattfindet. Wenn durch Spekulation Wechselkurse, Aktienkurse oder Rohstoffpreise destabilisiert werden, führt dies dazu, dass Unternehmen ihre Investitionen von der Realwirtschaft hin zu Finanzinvestitionen verlagern.[192]

Bei den kurzfristigen Spekulationen entfällt der größte Anteil aller Finanztransaktionen auf den Handel mit Derivaten. Es sind dies insbesondere Futures und Optionen, also Wetten auf künftige Entwicklungen von Preisen und Kursen anderer Wertpapiere (Aktien, Anleihen), Rohstoffpreisen oder Wechselkursen für Devisen. Der Wetteinsatz beträgt dabei nur einen Bruchteil des Basiswertes. Dabei wird mit einer Hebelwirkung gearbeitet, dem sogenannten *leverage effect*.[193]

Die Entwicklung des Volumens der Finanztransaktionen zeigt über die Zeit starke Steigerungen. Im Jahr 1990 betrug das Volumen dieser Finanztransaktionen das 15,3 Fache des nominellen Welt-BIP. Bis zum Jahr 2007 stieg das Volumen auf das 73,5 Fache an und wuchs damit fünfmal schneller als das Welt-BIP selbst.[194]

Bei den Derivaten betrug deren weltweit im Umlauf befindlicher Wert im Jahr 1998 das Dreifache des globalen Bruttoinlandsproduktes. Bis zum Jahr 2011 hat sich dieses Verhältnis auf 1:11 gesteigert. Getrieben durch das Investmentbanking haben sich bei Banken die Bilanzsummen in Relation zum Bruttoinlandsprodukt des jeweiligen Landes zu enormen Größen entwickelt. Beispielsweise beträgt die Bilanzsumme der Schweizer UBS 260 Prozent des BIP der Schweiz, bei der Deutschen Bank ergeben sich immerhin 76% des BIP der BRD.

---

[192] Vgl. Schulmeister (2009), S. 42, [online].

[193] Vgl. Schulmeister (2009), S. 42f, [online].

[194] Vgl. Schulmeister (2009), S. 45, [online].

Das Investmentbanking trägt maßgeblich zu den Gewinnen, beispielsweise der Deutschen Bank, bei.[195]

Schon im Jahr 2003 hat Warren Buffet die Derivate als *finanzielle Massenvernichtungswaffen* bezeichnet.[196]

Laut Schulmeister lassen sich derartige Finanzvermögen nicht mehr von der Geldmengedefinition M3 auseinander halten.[197]

Wesentlich erleichtert wurde auch die Verbriefung von Hypotheken (Mortgage Backed Securities[198]), zur Streuung der Risiken der Vergabe von Krediten an Subprime-SchuldnerInnen, durch mehrere Maßnahmen zur Deregulierung der Finanzmärkte. Im Jahr 1999 wurde der Glass-Stegal-Act aus dem Jahr 1933 aufgehoben. Dies war das sogenannte Trennbankensystem, welches es Geschäftsbanken verbot Wertpapiere zu verkaufen und zu versichern. Weiters wurde unter der Präsidentschaft Clintons darauf verzichtet den Markt für Credit Default Swaps zu regulieren. Zusätzlich wurde durch die US-Börsenaufsicht beschlossen, den Banken zu erlauben deren Verhältnis von Gesamtverbindlichkeiten zum Eigenkapital (Leverage-Quote) von 10:1 auf 30:1 zu erhöhen. Dies führte zu einer explosiven Ausbreitung der Verbriefungen ab dem Jahr 2000.[199]

Die Subprime-Residential Mortgage-Backed Security (RMBS) aus den USA gelten als die Auslöser der Finanzkrise. Die dahinter stehenden Subprime-Hypotheken wurden an SchuldnerInnen mit geringer Bonität aggressiv vertrieben. Dabei waren die Anfangsraten niedrig und die Beleihungsquote hoch. Als es dann zu steigenden Zinsen, bei gleichzeitig fallenden Immobilienpreisen kam, sind die Zahlungsausfälle bei diesen Hypotheken deutlich angestiegen. Die Investoren, welche die Subprime-RMBS erworben hatten, haben diese nicht selten mit Fremdkapital finanziert und wurden nach den Zahlungsausfällen bei diesen Hypotheken selbst illiquide.[200]

Kramer bezeichnet die globalen Finanzmärkte als das Epizentrum der Krise. Kaum zu durchschauende Konstruktionen innerhalb der Finanzwelt und die Mechanismen mit denen sich die *Wall Street* und die Main Street gegenseitig beeinflussen sieht er als ein vorrangiges

---

[195] Vgl. Steinberg/Somnitz (2012), [online].

[196] Vgl. Rettberg (2003), [online].

[197] Vgl. Schulmeister (2009), S. 41, [online].

[198] Vgl. Heldt (2013), [online].

[199] Vgl. Skidelsky (2010), S. 30f.

[200] Vgl. Heldt (2013), [online].

Thema an. Innerhalb der Volkswirtschaft findet er die Rolle des Finanz und Bankensystems für überdenkenswert.[201]

Binswanger sieht, als große gesellschaftliche Herausforderung für die Zukunft, die Reform der Geld- und Kreditschöpfung als Notwendigkeit um Spekulationsblasen zu verhindern und um die Wachstumstendenz der Realwirtschaft soweit in Grenzen zu halten, das dies ökologisch tragfähig ist.[202]

1.3 Europaspezifische Problemstellungen: Die Europäische Währungsunion – einheitliche Währung, asymmetrische Wirtschaftspolitik

Bei der Einführung der Währungsunion wurden zwei Varianten diskutiert. Die sogenannte Krönungstheorie besagt, dass die Währungsunion erst nach dem erfolgreichen Funktionieren der Wirtschaftsunion eingeführt werden sollte. Dem gegenüber steht der monetaristische Ansatz, welcher besagt, dass die Währungsunion die Bildung der Wirtschaftsunion vorantreibt. Um den, damals stockenden, Integrationsfortschritt voran zu treiben, forcierte der Kommissionspräsident Jacques Delors letzteren Ansatz. Die strukturellen Ungleichgewichte zwischen den Mitgliedsstaaten der Währungsunion sollten mittels einer erheblichen Ausweitung der Struktur- und Regionalfonds und durch eine EU-weite Konjunkturpolitik ausgeglichen werden. Diese Maßnahmen wurden jedoch nicht umgesetzt.[203]

Die Wirtschaftspolitische Architektur in der WWU ist durch die Kompetenzverteilung in der Europäischen Union asymmetrisch. Die Steuerung der Geldpolitik erfolgt durch die Europäische Zentralbank für den gesamten Euro-Raum gesteuert. Die EZB hat den Auftrag die Inflationsrate nahe bei, aber doch unterhalb von zwei Prozent zu halten. Hingegen werden die Wirtschaftspolitik, und dabei auch die Fiskalpolitik von den einzelnen Mitgliedsländern auf der nationalen Ebene durchgeführt, verbleiben also in der Kompetenz der Mitgliedsländer. Eine Koordination der Wirtschaftspolitik der Mitgliedsländer erfolgt durch verschiedene Instrumente und Mechanismen. Eines dieser Instrumente ist der der Stabilitäts- und Wachstumspakt. Die Mitgliedsländer sind dazu aufgefordert, mir ihrer Fiskal- bzw. Budgetpolitik die zentrale Geldpolitik bei der Preisstabilisierung zu unterstützen. Es wird

---

[201] Vgl. Kramer (2012), S. 486.

[202] Vgl. Binswanger (2009), S. 5, [online].

[203] Vgl. Tichy (2011), S. 803.

davon ausgegangen, dass die nationale stabilitätsorientierte Budgetpolitik auch auf europäischer Ebene zu einer Konjunkturstabilisierung beiträgt. [204]

Die ökonomische Konvergenz der Mitgliedsländer der Währungsunion soll weiters durch die Maastrichter Konvergenzkriterien realisiert werden. Der Artikel 121 Absatz 1 des Vertrags über die Europäische Gemeinschaft nennt die Konvergenzkriterien für die Teilnahme eines Mitgliedslandes an der Wirtschafts- und Währungsunion. [205] Es sind dies die Kriterien der Preisstabilität, die Finanzlage der öffentlichen Hand, die Wechselkurse und die langfristige Zinssätze. [206]

Bezüglich der Preisstabilität ist die Inflationsrate maßgeblich. Diese sollte maximal 1,5 Prozent über jener Inflationsrate liegen, die die besten drei Mitgliedsländer im Jahr vor der Überprüfung der Lage des Mitgliedstaats bezüglich Preisstabilität erzielt hatten. [207]

Die Finanzlage der öffentlichen Hand betreffend, wird die Einhaltung des Vertrags anhand von zwei Referenzwerten von der Kommission überprüft. Die Relation des öffentlichen Haushaltsdefizits zum Bruttoinlandsprodukt darf drei Prozent nicht überschreiten. Als Ausnahme dazu gilt die sogenannte Tendenzauslegung nach Artikel 104 Absatz 2[208] der besagt, dass es akzeptabel ist, wenn der Wert erheblich und laufend zurückgegangen ist und ein Wert in der Nähe von drei Prozent erreicht wurde. Eine weitere Ausnahme gestattet die ausnahmsweise und vorübergehende Überschreitung auf einen Wert in der Nähe von drei Prozent. Das zweite diesbezügliche Kriterium ist der öffentliche Schuldenstand, der 60 Prozent nicht überschreiten darf. [209] Analog zum Haushaltsdefizit gilt auch hier die Tendenzauslegung. [210,211]

Für den Beitritt in den Euroraum gilt weiters, dass die Wechselkurse seit mindestens zwei Jahren, ohne Spannungen, innerhalb einer normalen Bandbreite gehalten haben. In diesen

[204] Vgl. Breuss (2009), S. 61ff.

[205] Vgl. Konsolidierte Fassung des Vertrags zur Gründung der Europäischen Gemeinschaft (2002), S. 85 [online].

[206] Vgl. Europäische Union (2006) [online].

[207] Vgl. Europäische Union (2006) [online].

[208] Vgl. Konsolidierte Fassung des Vertrags zur Gründung der Europäischen Gemeinschaft (2002), S. 73 [online].

[209] Vgl. Konsolidierte Fassung des Vertrags zur Gründung der Europäischen Gemeinschaft (2002), S. 73 [online].

[210] Vgl. Europäische Union (2006) [online].

[211] Vgl. Konsolidierte Fassung des Vertrags zur Gründung der Europäischen Gemeinschaft (2002), S. 85 [online].

beiden Jahren muss das Land am Wechselkursmechanismus des Europäischen Währungssystems teilgenommen haben. Kriterium ist auch, dass das Land innerhalb dieser Zeit auch von sich aus keine Abwertung vorgenommen hat.[212]

Bei den langfristigen Nominalzinssätzen gilt, dass diese nicht mehr als zwei Prozentpunkte über jenen der drei, diesbezüglich besten, Mitgliedsländer liegen dürfen. Der Beobachtungszeitraum für die Prüfung beträgt dabei ein Jahr.[213]

Tichy geht davon aus, dass die Währungsunion unproblematisch funktioniert hätte, wenn, unter Einhaltung strenger Beitrittskriterien, die Währungsunion auf Länder mit ähnlichen strukturellen Voraussetzungen beschränkt worden wäre.[214]

Die Möglichkeit zu einer eigenständigen Geldpolitik ging durch die Währungsunion für die Mitglieder naturgemäß verloren. Tichy argumentiert, dass sich durch die Heterogenität drei Problemkomplexe ergaben:[215]

✓ Für die Länder an der Peripherie der Währungsunion verstärkte der einheitliche Nominalzinssatz die Struktur- und Konjunkturprobleme. Der einheitliche Nominalzinssatz bedeutete für diese Länder einen zu niedrigen Realzinssatz, der Immobilienblasen auslöste und zu übermäßiger Haushaltsverschuldung führte. Für Deutschland hingegen war dieser Realzinssatz hingegen insofern überhöht, als er für Arbeitsmarktprobleme verantwortlich gemacht wurde.

✓ Die an der Währungsunion teilnehmenden Länder waren gezwungen, sich in einer Währung zu verschulden, wobei sie den Kurs dieser Währung nicht beeinflussen können. Etwa bei Zahlungsbilanzproblemen bleibt diesen Ländern die Möglichkeit zu einer Abwertung verwehrt, sodass sie nur mittels einer restriktiven Budgetpolitik handeln können. Diese bremst das Wachstum, erhöht die Arbeitslosigkeit und senkt die Steuereinnahmen, wodurch wiederum das Budgetdefizit steigt. Dies nötigt möglicherweise zu weiteren Restriktionen.

✓ Durch die Währungsunion verloren die Länder weiters die Option auf wirtschaftspolitische Fehler oder externe Schocks mit einer Abwertung zu reagieren. Hier hätten bei der Einführung der gemeinsamen Währung für die heterogenen Teilnehmer

---

[212] Vgl. Europäische Union (2006) [online].

[213] Vgl. Europäische Union (2006) [online].

[214] Vgl. Tichy (2011), S. 803.

[215] Vgl. Tichy (2011), S. 804.

Regeln hinsichtlich der Koordination der Wirtschaftspolitik und deren Durchsetzung festgelegt werden müssen. Zusätzlich hätte es Regeln bedurft, wie bei Krisen von einem oder mehreren Mitgliedsländern vorzugehen sei. Tichy hält die Non-Bail-out-Klausel für unzureichend.

Die latente Kluft innerhalb Europas zwischen den Positionen einer, mit fiskalischer Rechtschaffenheit verbundenen Ordnungspolitik und den mit unorthodoxen Mitteln, wie quantitative Liquiditätsausweitung, finanzierten Staatsausgaben wurde durch die Finanzmarktkrise sehr deutlich. Notwendige Entscheidungen wurden durch die getrennten Positionen, wie den Glauben an Regeln, die Orientierung an ordnungspolitische Grundsätze und Sanktionen auf der einen Seite und eine pragmatischen Kunst des Dringlichen auf der anderen Seite, verzögert. Mit dem Verzögern dieser Entscheidungen verbunden war der Verlust in das Vertrauen in den Euro und in die EU selbst. Ideologische und dogmatische Positionen prallten angesichts der Krise erst recht aufeinander. Dies hatte zur Folge, dass die Politik zur Lösung der Krise nach dem Prinzip von Versuch und Irrtum agierte.[216]

1.3.1 Darstellung der Ist-Situation – Geldschöpfung und Geldvernichtung

Die klassische und die neoklassische Wirtschaftstheorie unterstellen eine Zweiteilung zwischen dem realen und dem monetären Sektor einer Volkswirtschaft, wobei die Preisverhältnisse nur durch reale Vorgänge bestimmt werden. Es wird postuliert, dass das Geld nur durch die absolute Höhe der Preise und das reale Volkseinkommen bestimmt wird. Voraussetzung für diese Hypothese ist die Freiheit von Geld-Illusion und die Tatsache, dass der Preismechanismus auf den Märkten für Güter und Produktionsfaktoren funktioniert (klassische Theorie der Neutralität des Marktgeldes). Keynes stellt diese Hypothese in Frage, wenn Geldhaltung auch aus spekulativen Motiven und vor allem aus Unsicherheit heraus eingeführt wird, wobei der Besitz von Geld bzw. Verträgen über Geld als wichtige Möglichkeit angesehen wird, um mit dieser Unsicherheit umzugehen.[217] Laut Keynes führen Änderungen der Geldmenge bei verzögerter Lohn und Preisanpassung zu realen Effekten.[218]

---

[216] Vgl. Kramer (2012), S. 492f.

[217] Vgl. Skidelsky (2010), S. 134.

[218] Vgl. Wohltmann, (2013) [online].

Josef Huber verweist auf den Umstand, dass sich Banken, wie andere Wirtschaftssubjekte auch, bei ihrem Kerngeschäft, der Vergabe von Krediten, im Konjunkturzyklus prozyklisch verhalten.[219]

Geht man davon aus, dass ein Großteil der Zahlungsmittel durch Giralgeldschöpfung der Geschäftsbanken (2004 85%[220]) im Zuge der Kreditvergabe geschaffen und in Umlauf gebracht wird und sie sich dabei prozyklisch verhalten[221], dann spricht dies gegen die Hypothese der Zweiteilung zwischen dem realen und dem monetären Sektor einer Volkswirtschaft. Es existieren auch kritische Sichtweisen, dass Basel II die generell prozyklische Tendenz des Finanzsektors, durch die Korrelation von Ausfallswahrscheinlichkeiten für Kredite und Konjunktur zur Berechnung der notwendigen Eigenkapitalanforderungen, verstärkt.[222]

Im folgenden Abschnitt wird, was bei der Thematisierung der Schuldenkrise nahe liegt, näher auf die Bedeutung von Geld und Schulden und den Zusammenhang zwischen beidem erläutert.

1.3.1.1 Juristische und wirtschaftswissenschaftliche Definitionen für Geld

Etymologie des Begriffes Geld: Laut Duden ist Geld unter anderem „in staatlichem Auftrag aus Metall geprägtes oder auf Papier gedrucktes Zahlungsmittel".[223] Die Herkunft wird aus dem althochdeutschen gelt (für Zahlung, Lohn, Vergeltung) bzw. dem mittelhochdeutschen gelt (für Zahlung, Vergütung, Wert, dann geprägtes Zahlungsmittel) angegeben.[224]

Der Begriff Giralgeld leitet sich aus dem italienischen Giro ab, was so viel wie Rundreise bedeutet.[225]

Bei Kurantmünzen entspricht der Wert des Materials dem aufgeprägten Nennwert.[226] Der Wert des Geldes ist also bereits in der Münze selbst verpackt.[227] Das Metall selbst ist

---

[219] Vgl. Huber (2004), S. 13f [online].

[220] Vgl. Huber (2004), S. 14 [online].

[221] Vgl. Huber (2004), S. 14 [online].

[222] Vgl. Redak/Tscherteu (2003), S 64 [online].

[223] Duden (2013b) [online].

[224] Vgl. Duden (2013b) [online].

[225] Vgl. Deutsche Bundesbank (2012), S. 52. [online].

[226] Metzger/Budzinski/Jasper/Michler/Hummel (2013a) [online].

[227] Vgl. Schnaas (2010), [online].

wiederum eine Ware. Warengeld definiert sich wie folgt: „Zahlungsmittel in einer Währungsordnung, in der Waren Geldfunktion ausüben. Das können im Prinzip beliebige, lagerfähige Güter sein. Historisch waren verschiedene Edelmetalle, v.a. Gold beim Warengeld vorherrschend".[228]

Bei sogenannten Scheidemünzen ist der aufgeprägte Nominalwert deutlich höher als der Wert des Rohstoffes (des Metalls) aus dem sie bestehen. Die heutigen Umlaufmünzen sind zum größten Teil Scheidemünzen.[229],[230]

Bei einer Goldkernwährung ist nur noch ein Kern der Papiergeldmenge durch Gold gedeckt.[231]

Beim Euro handelt es sich, wie bei allen weltweit gehandelten Währungen, um eine sogenannte Fiatwährung. Dies bedeutet, dass die Zentralbank nicht verpflichtet ist, Geldscheine gegen andere Vermögensgegenstände (z. B. Edelmetall) einzutauschen.[232] Dieses Fiatgeld ist ein durch behördliches Attest gewordenes Geld (*fiat pecunia* – es werde Geld).[233]

Juristische Definition von Geld als gesetzliches Zahlungsmittel[234]:

In der Europäischen Wirtschafts- und Währungsunion sind die Euromünzen und die Eurogeldscheine das gesetzliche Zahlungsmittel. Juristisch unterscheidet man zwischen beschränkten (Münzgeld) und unbeschränkten (Papiergeld) gesetzlichen Zahlungsmitteln.[235],[236]

Für Euro- und Eurocent-Münzen gilt: „Mit Ausnahme der ausgebenden Behörde und der Personen, die in den nationalen Rechtsvorschriften des ausgebenden Mitgliedstaats speziell benannt werden, ist niemand verpflichtet, mehr als fünfzig Münzen bei einer einzelnen Zahlung anzunehmen".[237]

---

[228] Budzinski/Jasper/Michler (2013a) [online].

[229] Vgl. Deutsche Bundesbank (2012), S. 14 [online].

[230] Vgl. Metzger/Budzinski/Jasper/Michler/Hummel (2013b) [online].

[231] Vgl. Senf (2009), S. 48.

[232] Vgl. Deutsche Bundesbank (2012), S. 23 [online].

[233] Vgl. Schnaas (2010), [online].

[234] Vgl. Hartmann-Wendels/Pfingsten/Weber (2010), S. 257.

[235] Vgl. Deutsche Bundesbank (2012), S. 22 [online].

[236] Vgl. Büschgen (1991), S. 184.

[237] VERORDNUNG (EG) Nr. 974/98 DES RATES vom 3. Mai 1998 über die Einführung des Euro, Artikel 11 [online].

Wirtschaftswissenschaftliche Definition von Geld:

Die Wirtschaftswissenschaft definiert Geld als „das in einer Gesellschaft allgemein anerkannte Tausch- und Zahlungsmittel, das unterschiedliche Geldformen annehmen kann". „Als Geld bezeichnet man üblicherweise die Verbindlichkeit einer Bank gegenüber einer Nichtbank, also z.B. Bargeld oder eine Einlage".[238] Dabei bezeichnet Geld Zahlungsmittel, die aufgrund von Marktkonvention oder gesetzlicher Verpflichtung vom Gläubiger angenommen werden.[239]

Dem Geld werden folgende Grundfunktionen zugeordnet:[240,241,242]

- ✓ Rechenmittelfunktion
- ✓ Wertaufbewahrungsfunktion
- ✓ Tauschmittelfunktion

Unabdingbare Voraussetzung dafür, dass Geld diese Grundfunktionen erfüllen kann, ist das Vertrauen, welches die Menschen ihm entgegen bringen.[243] „Denn Vertrauen ist ein kostbares, leicht zu beschädigendes Gut. Für Notenbanken ist Vertrauen ihr wichtigstes Kapital."[244]

Geld wird derzeit als Zentralbankgeld von der Zentralbank und als Giralgeld von den Geschäftsbanken geschöpft.[245,246] Zu beachten ist, dass es sich bei Buchgeld nicht um gesetzliche Zahlungsmittel handelt.[247] Dieses Buch- bzw. Giralgeld ist juristisch lediglich eine Bankenverbindlichkeit, die täglich fällig ist, wo also der jederzeite Anspruch auf Umwandlung in Bargeld besteht.[248] Diese Sichteinlagen werden per Definition der EZB zur

---

[238] Budzinski/Jasper/Michler/ Metzger (2013) [online].

[239] Vgl. Budzinski/Jasper/Michler/ Metzger (2013) [online].

[240] Vgl. Budzinski/Jasper/Michler/ Metzger (2013) [online].

[241] Vgl. Weidmann (2012) [online].

[242] Vgl. Büschgen (1991), S. 183f.

[243] Vgl. Weidmann (2012) [online].

[244] Weidmann (2012) [online].

[245] Vgl. Budzinski/Jasper/Michler/ Metzger (2013) [online].

[246] Vgl. Binswanger (2009), S. 3, [online].

[247] Vgl. Deutsche Bundesbank (2012), S. 52 [online].

[248] Vgl. Hartmann-Wendels/Pfingsten/Weber (2010), S. 257.

Geldmenge M1 gezählt.[249] Durch diese Zwitterstellung der Sichtguthaben wird deutlich, dass es sich bei der heutigen Geldordnung um ein fraktionales Reservesystem als Mischsystem (die Zahlungsmittel stammen aus verschiedenen Quellen) handelt.[250] Die Münzen stammen aus der staatlichen Münzanstalt und werden der Zentralbank zum Nennwert verkauft. Das Zentralbankgeld (Banknoten und Sichtguthaben bei der Zentralbank = Geldbasis) stammt von der Zentralbank und die Sichtguthaben bei Geschäftsbanken im Publikumsverkehr stammen von den Geschäftsbanken.[251]

Aufgrund des Umstandes, dass die Übergänge von unterschiedlichen Einlagearten und Finanzinstrumenten fließend ist, ist eine eindeutige Definition der Geldmenge nicht möglich, da dies beispielsweise davon abhängig ist, welche Einlagearten zum Geld gerechnet werden. Die Definition der Geldmengen ist daher in verschiedenen Ländern unterschiedlich.[252]

Schulmeister sieht keine Möglichkeit eine Grenze zwischen Geld und Finanzvermögen beziehungsweise Finanzkapital zu ziehen, da die Eigentümer Geld zu dem Zeitpunkt schaffen, an dem sie ein *financial asset* als Geld verwenden. Mittels Netbanking können BankkundInnen Finanzaktiva, wie Aktien oder Anteile an einem Anleihenfonds binnen Sekunden in liquide Mittel verwandeln und so Zahlungen tätigen. Es ist daher möglich, mit Aktien und Anleihen einen Einkauf zu bezahlen. Finanzvermögen sind liquidisierbar, da für diese jederzeit ein Kurs bzw. ein Preis besteht und somit ein eindeutiger Veräußerungswert vorhanden ist. Für Schulmeister existiert die Grenze zwischen Geld und Finanzvermögen nicht mehr. Für ihn stellt alles, vom Bankguthaben bis zu den Aktien, *Potentialgeld* dar.[253]

Hier erfolgt die Definition der Geldmenge im Euro Währungsgebiet, wo folgende verschiedene Geldmengen unterschieden werden:

---

[249] Vgl. Deutsche Bundesbank (2012), S. 68 [online].

[250] Vgl. Lietaer (2010a) [online].

[251] Vgl. Huber (2004), S. 6 [online].

[252] Vgl. Deutsche Bundesbank (2012), S. 69 [online].

[253] Vgl. Schulmeister 2009, S. 41 [online].

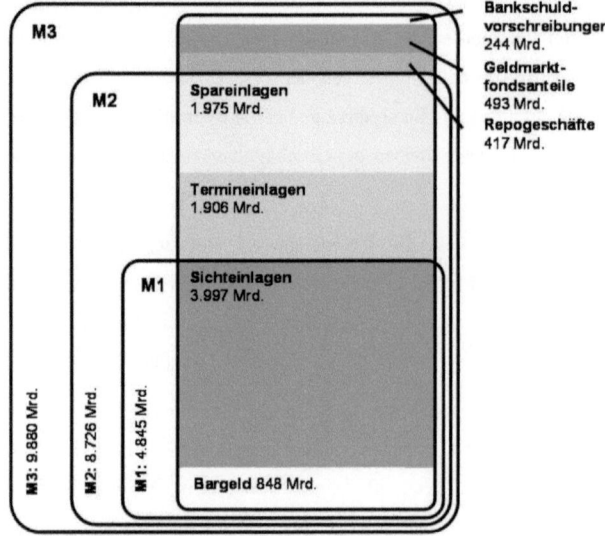

Die Geldmenge im Euro-Währungsgebiet
(März 2012)

Abbildung 3: Geldmenge im Euro Währungsgebiet, selbst erstellte Grafik in direkter
Anlehnung an: Deutsche Bundesbank[254]

Seitens des Europäischen Systems der Zentralbanken werden die Geldmengen
folgendermaßen definiert:[255,256]

- ✓ M1: Es handelt sich dabei um die Sichteinlagen von Nichtbanken und um das, außerhalb des Bankensektors zirkulierende Bargeld.

- ✓ M2: Dies ist M1 plus Spareinlagen mit einer Kündigungsfrist von bis zu drei Monaten und Termineinlagen mit einer Laufzeit von bis zu zwei Jahren.

- ✓ M3: Ist die Geldmenge M2 zuzüglich kurzfristige Bankschuldverschreibungen (mit einer Laufzeit von bis zu zwei Jahren), von Geldmarktfonds ausgegebene Geldmarktfondsanteile und Repogeschäfte.

---

[254] Vgl. Deutsche Bundesbank (2012), S. 68 [online].

[255] Vgl. Deutsche Bundesbank (2012), S. 66ff [online].

[256] Vgl. Spahn, (2006), S. 20.

1.3.1.2 Zentralbankgeld: Schöpfung und Vernichtung – Geldpolitik

Als Zentralbankgeld bezeichnet man Bargeld und Sichtguthaben bei der Zentralbank.[257] Das Zentralbankgeld nennt man Geldbasis oder Geldmenge M0. Es setzt sich aus dem von der Zentralbank in Umlauf gebrachten Bargeld und den Schichteinlagen, die Dritte bei der Zentralbank halten, zusammen.[258]

Zentralbank bezeichnet hier jene eigenständige staatliche Institution, welche mit der Geldpolitik beauftragt ist und die über ein Emmissionsmonopol für Geld verfügt. Für den Euroraum ist dies das Europäische System der Zentralbanken.[259] Der Begriff Notenbank ist ein Synonym für Zentralbank und deutet auf das Notenmonopol für diese Bank hin.[260] Die österreichische Rechtsordnung zu den Begriffen Notenbank und Zentralbank lautet: „Die Oesterreichische Nationalbank ist eine Aktiengesellschaft. Sie ist die Zentralbank der Republik Österreich und als solche integraler Bestandteil des Europäischen Systems der Zentralbanken (ESZB)".[261]

Schöpfung von Zentralbankgeld:

Nimmt eine Geschäftsbank bei der Zentralbank einen Kredit auf, handelt es sich um die Schöpfung (Erschaffung) von Zentralbankgeld. In der Regel lässt sich die Geschäftsbank diesen Kredit als Sichteinlage auf ihrem Konto bei der Zentralbank gut schreiben.[262] In diesem Fall wurde Giralgeld (hier handelt es sich um Zentralbankgeld) geschöpft. Der Kredit wird durch die Hinterlegung von Pfändern besichert.[263] Diese Sichteinlage kann sich die Geschäftsbank bar auszahlen lassen, wodurch sich der Kassenbestand bei der Geschäftsbank erhöht (und sich im Gegenzug ihre Sichteinlage bei der Zentralbank verringert).[264]

Das so erhaltene Bargeld kann die Geschäftsbank dann via Bankschalter oder Geldausgabeautomaten an ihre KundInnen auszahlen, wodurch es in Umlauf kommt.[265]

---

[257] Vgl. Budzinski/Jasper/Michler (2013b) [online].

[258] Vgl. Deutsche Bundesbank (2012), S. 70 [online].

[259] Vgl. Budzinski/Jasper/Michler/Mändle/Mändle (2013) [online].

[260] Vgl. Budzinski/Jasper/Michler (2013c) [online].

[261] Bundesgesetz über die Oesterreichische Nationalbank, §2 Abs. 1.

[262] Vgl. Bundesgesetz über die Oesterreichische Nationalbank, §47 Z. 1.

[263] Vgl. Bundesgesetz über die Oesterreichische Nationalbank, §47 Z. 2

[264] Vgl. Deutsche Bundesbank (2012), S. 71 [online].

[265] Vgl. Deutsche Bundesbank (2012), S. 70 [online].

Bei einem Wertpapierpensionsgeschäft, dem Hauptrefinanzierungsinstrument der europäischen Geldpolitik, verpflichtet sich die Zentralbank (Pensionsnehmer) ein Wertpapier von Geschäftsbanken vorübergehend anzukaufen. Die Bezahlung an die Geschäftsbank erfolgt durch eine Gutschrift auf deren Sichteinlagen. Die Geschäftsbank ist zur Rücknahme dieses Wertpapiers zu einem festgelegten Zeitpunkt und Preis verpflichtet.[266,267]

Kredite der Zentralbank an Geschäftsbanken bezeichnet man als Hauptfinanzierungsgeschäfte (kurzfristige Laufzeit von sieben Tagen) bzw. als längerfristige Refinanzierungsgeschäfte. Die Laufzeit der Refinanzierungsgeschäfte betrug vor Ausbruch der Finanzkrise bis zu drei Monate. Im Zuge der Finanzkrise hat sich die Laufzeit dieser Geschäfte auf bis zu zwölf Monate, im Extremfall auf bis zu drei Jahre, verlängert.[268] Der Zinssatz für die Hauptfinanzierungsgeschäfte ist, neben dem Einlagesatz und dem Spitzenrefinanzierungssatz, der wichtigste der drei Leitzinssätze.[269]

Die Hauptrefinanzierungsgeschäfte werden wöchentlich mittels Wertpapier-pensionsgeschäften, mit einer einwöchigen Laufzeit durchgeführt. Die Abwicklung erfolgt mittels Mengen- oder Zinstenderverfahren.[270]

Beim Mengentenderverfahren teilt die Zentralbank den Banken einen Zinssatz mit, zu dem sie flüssige Mittel verleiht, wobei das zu vergebende Volumen nicht bekannt gegeben wird. Die Banken melden zurück, welche Beträge sie aufnehmen wollen. Übersteigt die Summe der Nachfrage den Angebotsrahmen, dann erfolgt eine anteilsmäßige Zuteilung.[271,272]

Beim Zinstenderverfahren wird entweder nach dem holländischen, oder dem amerikanischen Verfahren vorgegangen. Beim holländischen Verfahren wird der Zinssatz so festgelegt, dass der gesamte Zuteilungsbetrag nachgefragt wird. Die Zuteilung beim Amerikanischen Verfahren erfolgt nach individuellen Zinssätzen.[273]

Die Spitzenrefinanzierungsfazilität bezeichnet die Möglichkeit einer Bank, über Nacht einen Zentralbankgeldkredit bei der Zentralbank aufzunehmen. Der dabei zur Verrechnung

---

[266] Vgl. Budzinski/Jasper/Michler (2013d) [online].

[267] Vgl. Spahn, (2006), S. 91.

[268] Vgl. Deutsche Bundesbank (2012), S. 180 [online].

[269] Vgl. Bankenverband (2012), [online].

[270] Vgl. Budzinski/Jasper/Michler (2013d) [online].

[271] Vgl. Budzinski/Jasper/Michler (2013e) [online].

[272] Vgl. Spahn, (2006), S. 92.

[273] Vgl. Budzinski/Jasper/Michler (2013f) [online].

gelangende Zinssatz liegt über dem Leitzinssatz. Dieser Zinssatz bildet die obere Grenze für den Tageszinssatz.[274,275]

Eine weitere Möglichkeit zur Schöpfung von Zentralbankgeld, ohne dass die Zentralbank einer Geschäftsbank einen Kredit vergibt, ist das Ankaufen von Vermögenswerten (Gold, Devisen Wertpapiere).[276,277,278]

Verallgemeinernd gilt, dass jeder Euro-Schein nur deshalb existiert, weil irgendjemand irgendwann Geld geliehen hat. Daher ist jeder Euro ein Schulden-Euro, jeder Schweizer Franken ein Schulden-Franken und jeder Dollar ein Schulden-Dollar.[279]

Vernichtung von Zentralbankgeld:

Verwendet eine Geschäftsbank überschüssige Barmittel oder überschüssige Sichteinlagen, die sie bei der Zentralbank hält dazu um einen Kredit, den sie bei der Zentralbank aufgenommen hat zu tilgen, dann wird Zentralbankgeld vernichtet.[280] Dadurch verringert sich die Geldbasis.

Wenn die Zentralbank beispielsweise Schuldverschreibungen an Geschäftsbanken verkauft, dann reduziert dies die Zentralbankgeldmenge, wenn dieser Geschäftsfall unter der Auflage erfolgt, dass der Kaufpreis unter Verwendung von Sichteinlagen zu begleichen ist. Es handelt sich hierbei um eine strukturelle Maßnahme.[281]

---

[274] Vgl. Deutsche Bundesbank (2012), S. 184 [online].

[275] Vgl. Spahn, (2006), S. 94.

[276] Vgl. Deutsche Bundesbank (2012), S. 71 [online].

[277] Vgl. BUNDESGESETZ über die Oesterreichische Nationalbank, §51 Z. 3

[278] Vgl. Spahn, (2006), S. 19.

[279] Vgl. Uchatius (2012), [online].

[280] Vgl. Deutsche Bundesbank (2012), S. 71 [online].

[281] Vgl. Deutsche Bundesbank (2012), S. 182 [online].

Bilanzielle Darstellung im Rahmen eines Hauptfinanzierungsgeschäftes:

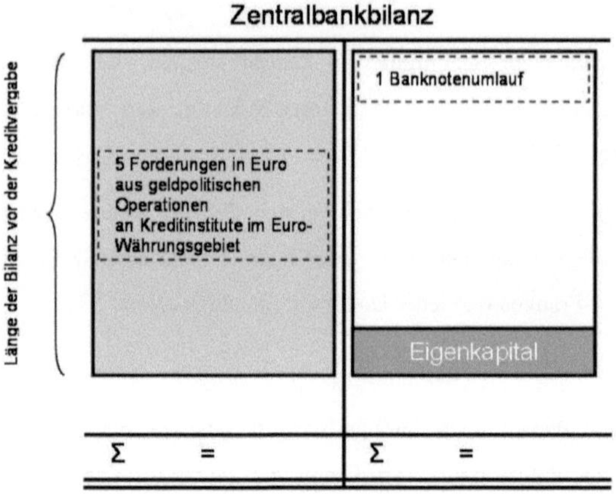

Zentralbankbilanz

Abbildung 4: schematisierte Darstellung der Zentralbankbilanz als T-Konto. Selbst erstellte Abbildung in Anlehnung an die Bilanz für das Jahr 2011 der ÖNB[282]

Die Position fünf der Aktivseite der Zentralbankbilanz enthält den Gliederungspunkt 5.1 Hauptfinanzierungsgeschäfte.[283] Um den Geschäftsbanken mehr Bargeld zur Verfügung zu stellen, wird an diese ein Barkredit (im Rahmen eines Hauptrefinanzierungsgeschäfts[284]) in der Höhe von 100.000.000,-- gewährt.

Die Zentralbank bucht:

> ## Kreditforderungen / Banknotenumlauf € 100.000.000,--

Dies ist eine bilanzverlängernde Bestandsbuchung. Es erhöhen sich einerseits die Kreditforderungen der Zentralbank und andererseits der Banknotenumlauf.

Aus der Sicht der Zentralbank stellt der Banknotenumlauf Fremdkapital, also eine Verbindlichkeit dar.[285]

---

[282] Vgl. Österreichische Nationalbank (2012), S. 72 [online].

[283] Vgl. Österreichische Nationalbank (2012), S. 72 [online].

[284] Vgl. Deutsche Bundesbank (2012), S. 180 [online].

[285] Vgl. Krsnakova/Oberleithner (2012), S. 75 [online].

Nach dem Geschäftsfall stellt sich die Bilanz der Zentralbank schematisch wie folgt dar:

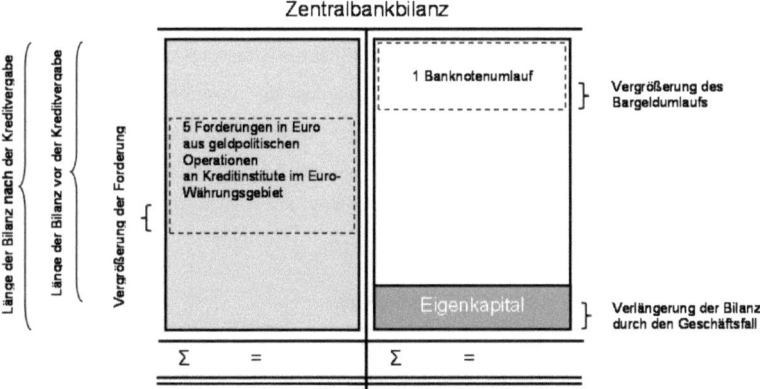

Abbildung 5: schematisierte Darstellung der Zentralbankbilanz als T-Konto nach dem Hauptfinanzierungsgeschäft (Bilanzverlängerung aus Sichtbarkeitsgründen übertrieben dargestellt)[286]

Für das hier angeführte Beispiel werden nur die beiden verwendeten Positionen der Zentralbankbilanz dargestellt. Die weiteren Positionen einer Zentralbankbilanz des Eurosystems finden sich beispielsweise im Geschäftsbericht der ÖNB.[287]

---

[286] Eigene Darstellung

[287] Vgl. Österreichische Nationalbank (2012), S. 72f [online].

1.3.1.3 Giralgeldschöpfung durch die Geschäftsbanken im Rahmen der Kreditvergabe

In der unten stehenden Abbildung wird eine Bankbilanz schematisch und stark vereinfacht als T-Konto dargestellt. Beim Umlaufvermögen werden die Positionen Kassa (Vorrat an gesetzlichen Zahlungsmitteln), Guthaben bei der Zentralbank (die Bankleitzahl ist die Kontonummer der betreffenden Geschäftsbank bei der Zentralbank[288,289]) und Forderungen aus Kreditgeschäften (dies betrifft das Kerngeschäft der Geschäftsbank und ist als Position im Umlaufvermögen daher relativ prominent) dargestellt.

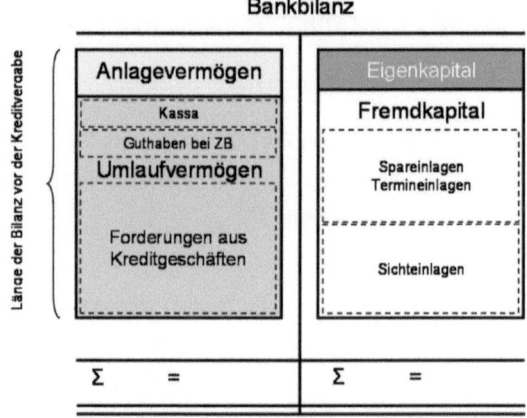

Abbildung 6: schematisierte Darstellung einer Bankbilanz als T-Konto[290]

Wie geht nun eine Kreditvergabe vor sich?

Angenommen eine Kundin der Bank (sie wird hier Frau Huber genannt), möchte eine Eigentumswohnung käuflich erwerben. Dazu benötigt sie einen Kredit in der Höhe von € 100.000,--. Die Kundin wird einen entsprechenden Kreditantrag bei der Bank stellen. Die Bank wird die Bonität der Kundin prüfen. Das Ergebnis dieser Bonitätsprüfung kann dazu führen, dass die Bank der Kundin den Kredit (unter der Auflage, dass die Eintragung eines

---

[288] Vgl. Metzger (2013) [online].

[289] Vgl. Huber (2004), S. 6 [online].

[290] Vgl. Deutsche Bundesbank (2012), S. 85 [online].

Pfandrechtes für die betreffende Eigentumswohnung zugunsten der Bank im Grundbuch erfolgt) gewährt.

Lässt man die zu entrichtende Bearbeitungsgebühr der Bank (die Arbeiterkammer Wien gibt für derartige Gebühren einen Bereich von einem bis vier Prozent der Kreditsumme an[291]) für die Krediterrichtung in der Höhe von beispielsweise einem Prozent vorerst bewusst außer Acht, bucht die Bank:[292]

Kredite an Nichtbanken / Girokonto Huber € 100.000,--

Anmerkung: Spiegelbildlich bucht ein Unternehmen, welches einen Kredit bei einem Kreditinstitut aufnimmt:

Bank / Verbindlichkeiten gegenüber Kreditinstituten (oder Darlehen)[293]

Dieser Buchungssatz hat folgende Wirkungen:

Die Forderungen aus Kreditgeschäften der Bank erhöhen sich um die Summe von € 100.000,--. Im Gegenzug wird der Kundin der Betrag auf dem Girokonto gut geschrieben[294] – dies bedeutet, dass sich die Verbindlichkeit der Bank gegenüber der Kundin (in Zentralbankgeld[295]) ebenfalls um € 100.000,-- erhöht. Der Buchungssatz hat keinerlei Einfluss auf das nominale Eigenkapital der Bank. Es handelt sich um eine Bilanzverlängerung[296], wobei sich das Umlaufvermögen und das Fremdkapital um die genannte Summe erhöhen. Es wurde der Kredit nicht auf der Basis von Guthaben, die zuvor gespart wurden, vergeben. Unbare Kredite werden also nicht mit Depositen finanziert, sondern die Depositen entstehen aufgrund von Krediten.[297] Dies wird durch das Erfordernis einer Mindestreserve, die die Bank als Sichteinlage bei der Zentralbank zu halten hat, begrenzt. Unter Berücksichtigung, dass das Eigenkapital unverändert bleibt aber sich das Fremdkapital vermehrt, hat dies zur Konsequenz, dass die Eigenkapitalquote der Bank sinkt. Die Bank hat dabei zu achten, dass

---

[291] Vgl. Arbeiterkammer Wien (2010) Vorsicht, Kostenfalle Privatkredit! [online].

[292] Vgl. Huber (2004), S. 9 [online].

[293] Vgl. Grohmann-Steiger/Schneider/Dobrovitz (2010), S.155.

[294] Vgl. Bofinger (2010), [online].

[295] Vgl. Spahn, (2006), S. 17.

[296] Vgl. Spahn, (2006), S. 17.

[297] Vgl. Huber (2009), S. 10 [online].

die von Basel II geforderte Mindesteigenkapitalquote nicht unterschritten wird.[298] Auch das Mindestreserveerfordernis der Bank (in Form einer Einlage bei der Zentralbank) steigt durch den Geschäftsfall. Bei einem Mindestreservesatz von einem Prozent steigt die geforderte minimale Mindestreserve um € 1.000,--.

---

[298] Vgl. Hartmann-Wendels/Pfingsten/Weber (2010), S. 413f.

Würde nach dem beschriebenen Geschäftsfall (unter der Annahme, dass sonst kein anderer Geschäftsfall erfolgt ist, erneut eine Bilanz für die Bank erstellt werden, würde diese schematisch folgendermaßen aussehen:

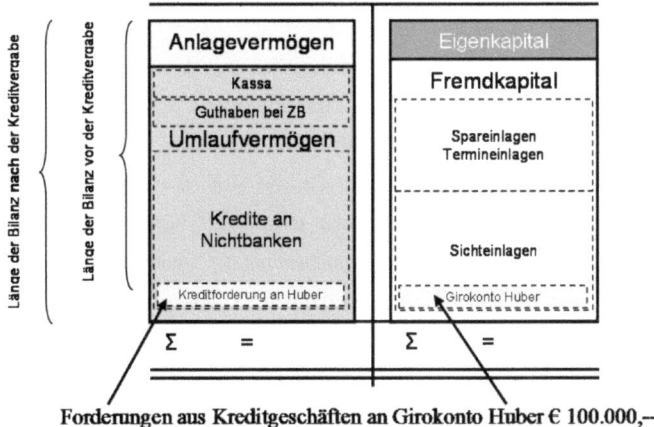

Forderungen aus Kreditgeschäften an Girokonto Huber € 100.000,--

Abbildung 7: schematisierte Darstellung einer Bankbilanz als T-Konto nach der Kreditvergabe mit dem Buchungssatz zur Kreditvergabe[299]

Aus der Sicht von Frau Huber ist ihr Kontostand Geld, dies stellt für die Bank eine Verbindlichkeit als Passivum dar. Die Kreditforderung der Bank an sie sind Schulden – sie hat nunmehr das Recht auf die fristgerechte Rückzahlung dieser Forderung als Aktivum.[300]

Das Guthaben in der Höhe von € 100.000,-- verbleibt nicht auf dem Konto von Frau Huber. Sie überweist die Summe an den Verkäufer der Eigentumswohnung (nennen wir ihn Herrn Mayer). In der Praxis würde die Überweisung an das Treuhandkonto des Notars gehen, welcher den Immobilienverkauf abwickelt.

Restriktionen für die Giralgeldschöpfung durch Geschäftsbanken:

Als Restriktionen für die dargestellte Giralgeldschöpfung dienen für die Geschäftsbanken das Erfordernis eine Mindestreserve[301,302] bei der Zentralbank zu halten und Mindestanforderungen für die Eigenkapitalquote (vgl. Basel II).

---

[299] Vgl. Deutsche Bundesbank (2012), S. 73 [online].

[300] Vgl. Huber (2004), S. 9 [online].

[301] Vgl. Deutsche Bundesbank (2012), S. 73f [online].

Die Mindestreserve:

Neben dem Banknotenmonopol der Zentralbanken führt die, durch den Mindestreservesatz festgelegte, Mindestreserve dazu, dass Kreditinstitute zwangsläufig Zentralbankgeld nachfragen.[303]

Wie oben beschrieben, entstehen durch Kreditvergaben von Banken Sichtguthaben des Publikums.[304] Durch das Erfordernis an die Geschäftsbanken eine Mindestreserve[305] in Höhe von einem Prozent der Einlagen zu halten ergibt sich somit eine Restriktion der Giralgeldschöpfung der Banken.[306] Die minimale Höhe der Mindestreserve wird im Euroraum durch die EZB festgelegt. Betreibt die EZB eine restriktive Geldpolitik könnte sie unter anderem den erforderlichen Mindestreservesatz erhöhen um die Kreditvergabe, und damit die Giralgeldschöpfung der Geschäftsbanken, stärker zu limitieren.[307] Eine expansive Geldpolitische Maßnahme der EZB wäre es, im Umkehrschluss beispielsweise den Mindestreservesatz weiter zu senken. Zu Beginn der dritten Stufe der Wirtschafts- und Währungsunion wurde der Mindestreservesatz mit zwei Prozent festgesetzt.[308] Per 18. Jänner 2012 wurde der Mindestreservesatz auf ein Prozent abgesenkt.[309] Die rechtlichen Grundlagen für das Mindestreservesystem im Euroraum finden sich in Artikel 19 der Satzung des Europäischen Systems der Zentralbanken.[310,311]

Geforderte minimale Eigenkapitalquote:

Auch die Festlegung einer minimalen Eigenkapitalquote (wie durch Basel II[312] und Basel III) für Geschäftsbanken wirkt bremsend auf deren Möglichkeiten zur Kreditvergabe und damit zur Giralgeldschöpfung.[313] Durch die Giralgeldschöpfung mittels Bilanz verlängerndem

---

[302] Vgl. Spahn, (2006), S. 21.

[303] Vgl. Ruckriegel/Schleicher/Seitz (2000), S.317 [online].

[304] Vgl. Lietaer (2010a) [online].

[305] Vgl. Fehr (2008) [online].

[306] Vgl. Bofinger (2010) [online].

[307] Vgl. Budzinski/Jasper/Michler (2013g) [online].

[308] Vgl. Hartmann-Wendels/Pfingsten/Weber (2010), S. 50.

[309] Vgl. Deutsche Bundesbank (2013a) [online].

[310] Vgl. Deutsche Bundesbank (2013b) [online].

[311] Vgl. PROTOKOLL ÜBER DIE SATZUNG DES EUROPÄISCHEN SYSTEMS DER ZENTRALBANKEN UND DER EUROPÄISCHEN ZENTRALBANK, Artikel 19, Absatz 1 und Absatz 2 (2010) [online].

[312] Vgl. Hahn (2003), S. 146 [online].

[313] Vgl. Fehr (2008), [online].

Buchungssatz verändert sich zwar das Eigenkapital in absoluten Zahlen nicht, jedoch wird dadurch das Fremdkapital als Summe größer. Dadurch ergibt sich mathematisch eine Verringerung der Eigenkapitalquote. Ziel von Basel III (welches Basel II nachfolgen soll) ist es, die Risikotragfähigkeit einer Geschäftsbank besser mit den eingegangenen Risiken in Einklang zu bringen.[314] Für das Eigenkapital von Geschäftsbanken existieren laut Basel II[315] Mindestanforderungen als Prozentsatz (8% der risikogewichteten Aktiva) der Bilanzsumme.[316]

Eine ausführlichere Darstellung mit der Beschreibung weiterer Geschäftsfälle im Zusammenhang mit Kreditgeschäften findet sich im Anhang.[317]

1.3.1.4 Zusammenhänge, Folgen und Auswirkungen des derzeitigen monetären Systems

Neben den keynesianischen und neoliberalen Sichtweisen auf die Schuldenkrise existiert hinsichtlich der Ursachen der Schuldenkrise noch eine weitere Betrachtungsweise, die von einer kleinen Minderheit von Ökonomen vertreten wird. Diese vermuten die Ursache im (in den beiden vorherigen Abschnitten kurz dargestellten) monetären System selbst und betrachten die Schuldenkrise somit als systemische Krise des Geldsystems. Eine Simulation mittels eines makroökonomischen Modells, welche von den beiden IWF-Ökonomen Kumhof und Benes durchgeführt wurde, ergibt, dass eine andere Konstruktion des monetären Systems (hundert Prozent Mindestreservesystem, der sogenannte *Chicago Plan* basierend unter anderem auf Irving Fisher) unter anderem zu einer erheblichen Verringerung der Verschuldung im privaten und öffentlichen Bereich führen könnte.[318]

Im Anhang werden diesbezüglich stellvertretende zentrale Aussagen von drei Ökonomen kurz dargestellt.[319]

---

[314] Vgl. Österreichische Nationalbank (2013), Der Weg zu Basel III [online].

[315] Vgl. Hartmann-Wendels/Pfingsten/Weber (2010), S. 413f.

[316] Vgl. Hahn (2003), S. 140ff [online].

[317] Vgl. Anhang S. 102ff.

[318] Vgl. Storbeck (2012) [online].

[319] Vgl. Anhang S. 113ff.

1.4 Nationale Ebene, dargestellt am Verhältnis Deutschland vs. Griechenland

Zusammengefasst ist zum Verhältnis Deutschland zu Griechenland zu sagen, dass Deutschland oben steht und keine Schulden hat (zwar hat der deutsche Staat hohe Verbindlichkeiten aber das Vermögen der Haushalte in Deutschland übersteigt diese Verbindlichkeiten) und sammelt seit Jahrzehnten Reichtum an, welcher mithilfe der Kredite anderer Länder erzeugt wird. Länder, wie beispielsweise Griechenland stehen unten – sie sind unter dem Strich verschuldet.[320]

1.4.1 Exportweltmeister Deutschland

Im Zeitraum von 1991 bis 2000 erwirtschaftete Deutschland ein jährliches Leistungsbilanzdefizit in der Höhe von durchschnittlich einem Prozent des Bruttoinlandsproduktes. Bis zum Jahr 2007 verwandelte sich dieses Leistungsbilanzdefizit in ein deutliches Plus. Seit 2002 entwickelten sich die Leistungsbilanzüberschüsse Deutschlands beinahe spiegelbildlich zu den entsprechenden Defiziten der sogenannten GIPSI-Staaten (Griechenland, Irland, Portugal, Spanien, Italien).[321]

Deutschland exportierte vor Beginn der Krise jährlich 450.000 Autos nach Italien, 330.000 nach Spanien und je 50.000 nach Griechenland und Portugal. In Summe ging damals ein Viertel der deutschen PKW-Exporte in die heutigen Krisenstaaten. Auch die deutsche Rüstungsindustrie hat massiv exportiert. So hat vor 4 Jahren allein das deutsche Unternehmen Krauss-Maffei Wegmann 170 Exemplare des Leopard-Panzers im Wert von 1,7 Milliarden Euro nach Griechenland exportiert.[322]

Im Jahr 2012 erreichte der Exportüberschuss einen Wert, der jenseits der von der EU-Kommission vorgegebenen Warnschwelle liegt. Der Leistungsbilanzüberschuss betrug 169 Milliarden Euro, was vom Volumen her 6,4 Prozent des Bruttoinlandsproduktes ausmacht. Ein Wert jenseits von sechs Prozent wird von der EU-Kommission als stabilitätsgefährdend eingestuft. Die Erwartungen des Ifo-Instituts für das Jahr 2013 erwarten eine weitere Steigerung auf 6,6 Prozent. Ländern mit derartigen Exportzahlen müssen andere Länder mit Leistungsbilanzdefiziten gegenüber stehen. Diese Defizite werden mit Schulden finanziert.[323]

---

[320] Vgl. Uchatius (2012), [online].

[321] Vgl. Zürcher (2011), [online].

[322] Vgl. Uchatius (2012), [online].

[323] Vgl. Frankfurter Rundschau (2013), Export erreicht EU-Warnschwelle, [online].

Die starke Wettbewerbsfähigkeit Deutschland ist auf zwei Faktoren begründet:[324]

✓ Durch die hohe Lohnzurückhaltung der unselbständig Beschäftigten ergeben sich Kostenvorteile für deutsche Unternehmen. Seit dem Jahr 2000 hat sich der reale Zuwachs an Kaufkraft von der Entwicklung der Produktivität abgekoppelt. Ein Indiz dafür ist auch, dass der Anteil der Lohnsumme an der Bruttowertschöpfung im Zeitraum von 2000 bis 2007 von über 54% auf unter 49% gefallen ist.

✓ Wegen des tendenziell unterbewerteten Euro ergibt sich für die deutsche Wirtschaft eine äußerst günstige Wechselkurssituation. Würde Deutschland noch immer über eine eigene Währung verfügen, würde diese als Reaktion auf die Produktivitätszuwächse aufwerten.

In Deutschland stieg die Arbeitsproduktivität (der Wertzuwachs pro beschäftigter Person) während der beiden vergangenen Jahrzehnte um 22,6 Prozent. Im selben Zeitraum sind die Reallöhne im Wesentlichen gleich geblieben. Zwischen den Jahren 2003 und 2011 sind die Reallöhne unter das Niveau, welches Mitte der neunziger Jahre zu verzeichnen war, gefallen. Der Rückgang bei den Monatslöhnen ist auch in Verbindung mit den durchschnittlichen monatlichen Arbeitsstunden zu sehen. Dabei ging die durchschnittliche Monatsarbeitszeit von 122,7 Stunden im Jahr 1991, auf 110,7 Stunden im Jahr 2011 zurück. Die Anzahl der Teilzeitarbeitskräfte, der atypisch Beschäftigten und der Besitzer sogenannter Minijobs ist signifikant gestiegen. Das Niveau der realen Stundenlöhne lag 2011 um 0,4 Prozent über dem Wert des Jahres 2000. Im Gleichen Zeitraum stieg die stündliche Arbeitsproduktivität um 12,8 Prozent.[325]

Die preisliche Wettbewerbsfähigkeit Deutschlands hat sich, basierend auf der Lohnstückkostenentwicklung, im Zeitraum von 1998 bis 2010 um 13,7 Prozent verbessert. Im selben Zeitraum hatten die meisten Mitgliedsstaaten eine Verschlechterung ihrer Wettbewerbsfähigkeit zu verzeichnen. Österreich ist da eine Ausnahme und hat im selben Zeitraum seine Wettbewerbsfähigkeit ebenfalls, und zwar um 5,8 Prozent, verbessert.[326]

Die realen Arbeitskosten haben sich in Deutschland von 2000 bis 2009 um 1,9 Prozent verringert. Übertroffen wird dies nur von Japan mit einem Minus von 3,6 Prozent.[327]

---

[324] Vgl. Zürcher (2011), [online].

[325] Vgl. International Labour Office (2013), S. 46 [online].

[326] Vgl. Schulten (2010), S. 5 [online].

[327] Vgl. Schulten (2010), S. 6 [online].

Lagarde hat sich, noch in ihrer Rolle als französische Finanzministerin, zur gestiegenen Wettbewerbsfähigkeit Deutschlands folgendermaßen geäußert:

Bezüglich der Wettbewerbsfähigkeit habe Deutschland in den letzten zehn Jahren große Fortschritte gemacht, indem es auf die Löhne großen Druck ausgeübt hat. Der Blick auf die Lohnstückkosten zeige, dass hier gewaltiges geleistet wurde. Lagarde zweifelt aber an, dass dies langfristig ein nachhaltiges Modell für die gesamte EU sei. Ausgeglichenere Konvergenzen seien ganz klar notwendig.[328]

1.4.2 Griechenland am Abgrund

Griechenland hatte, wie andere Länder der Peripherie des Euroraumes, bereits vor dem Ausbruch der Schuldenkrise Struktur- und Wettbewerbsprobleme. Diese wurden damals jedoch weniger beachtet.[329]

Bei seinem Einstieg in die Währungsunion konnte Griechenland die Maastricht Kriterien formal zumindest offiziell erfüllen. Laut Tichys Sicht auf die diesbezügliche akademische Diskussion, entsprach das Land allerdings nicht den Kriterien im akademischen Sinne.[330]

Am Ende des Jahres 2009, als die Zerrüttung der Griechischen Staatsfinanzen deutlich wurde, war die Lage bereits unhaltbar. Der Umstand, dass die griechischen Staatsschulden weiter stark angewachsen sind belegt, dass die nachlässige Budgetpolitik des Landes nicht die einzige Komponente der prekären Situation ist.[331]

Tichy sieht als das zentrale Element der Probleme Griechenlands (und anderer Staaten der südlichen Peripherie der EU) eine Strukturkrise, aber nur zum Teil eine Krise der Staatsverschuldung. Kennzeichen dieser Strukturkrise sei der Verlust der Wettbewerbsfähigkeit, als Konsequenz eines raschen Anstiegs des Lohnniveaus und weil das Angebot nur ungenügend an die internationale Nachfrage angepasst wurde.[332]

Im Zeitraum von 2002 bis 2008 verschlechterte sich das Leistungsbilanzdefizit Griechenlands von 6,5% auf 14,8% des BIP. Von der Finanzkrise wurde Griechenland (wie Portugal, Spanien und Irland) erst relativ spät getroffen. Merkliche Zinsaufschläge wurden von den Finanzmärkten erst im Laufe des Jahres 2009 verlangt. Eher zögerliche Herabstufungen

---

[328] Vgl. Lagarde (2010), [online].

[329] Vgl. Tichy (2011), S. 797.

[330] Vgl. Tichy (2011), S. 801.

[331] Vgl. Kramer (2012), S. 493.

[332] Vgl. Tichy (2011), S. 799.

seitens der Ratingagenturen erfolgten nicht vor dem Frühjahr 2009. Stärkere Herabstufungen um mehrere Bewertungsstufen erfolgten erst ab dem Jahr 2010. In Griechenland verschlechterte sich die Wettbewerbsfähigkeit durch einen Anstieg der Lohnstückkosten.[333]

Auswirkungen auf die Bevölkerung in Griechenland:

Der deutsche, auf die Traumatherapie spezialisierte Psychotherapeut Georg Pieper[334] hat im Oktober 2012 Athen bereist. Über seine Erlebnisse in Athen wurden in einem Artikel der Frankfurter Allgemeinen Zeitung berichtet. Sein Bericht zeigt dramatische Zustände im Gesundheitswesen auf. Er berichtet über die Probleme der Menschen auch nur elementare Dinge, wie das Heizen zu finanzieren. Weiters zeigt der Artikel auf, dass die Suizidrate und psychische Erkrankungen durch die wirtschaftlichen Verhältnisse dramatisch gestiegen sind. Pieper gibt an, sich auf einiges gefasst gemacht zu haben, jedoch habe die Realität seine düsteren Erwartungen übertroffen.[335]

Bezüglich der sprunghaft gestiegenen Suizidrate ist auch beachtlich, dass diese in Griechenland vor dem Ausbruch der Krise so niedrig wie nirgendwo sonst in Europa war.[336]

Die Anzahl der Personen, die allein in Athen von Suppenküchen abhängig ist, wird mit 250.000 bis 280.000 Menschen angegeben. Laut El.Stat., dem griechischen Statistikamt, sind 65 Prozent der jungen Griechinnen arbeitslos. Das Arbeitslosengeld beträgt pauschal 360 Euro pro Monat und wird maximal für ein Jahr gewährt. Weiterführende Unterstützungen wie eine Mindestsicherung, Arbeitslosengeld II oder Notstand existieren nicht. Diese Menschen verlieren dann ihre Wohnungen und stehen dann auf der Straße. Allein in Athen leben 20.000 Menschen auf der Straße.[337]

In Griechenland selbst findet eine durchaus differenziert geführte, selbstkritische Diskussion über die nationale Krise statt. Vertreter der Wissenschaft und seröse Medien sehen die Krise übereinstimmend als eine dreifache, nämlich eine wirtschaftliche, eine politische und eine gesellschaftliche Krise an. Einigkeit herrscht in den beiden politischen Lagern, dass das

---

[333] Vgl. Tichy (2011), S. 799.

[334] Georg Pieper war unter anderem als Traumatologe beim ICE-Unglück in Eschede oder bei den Anschlägen in Norwegen im Einsatz

[335] Vgl. Mühl (2012), [online].

[336] Vgl. Uchatius (2012), [online].

[337] Vgl. Ernst Kaiser (2012), [online].

klientelbezogene politische System und das vorherrschende gesellschaftliche Bewusstsein, die Ursache der Krise Griechenlands sind.[338]

In Griechenland ist derzeit die Planung für einen regelrechten Ausverkauf von Staatseigentum in Planung. Durch Privatisierungen und die Gewährung von Konzessionen sollen im Zeitraum von fünf Jahren 50 Milliarden Euro erlöst werden. Um dies zu erreichen wurde der *Hellenic Public Asset Development* gegründet. Dabei handelt es sich um eine Privatisierungsbehörde nach dem Vorbild der deutschen Treuhand. Privatisiert werden sollen Unternehmen, die sich noch teilweise oder vollständig im Staatsbesitz befinden. Dazu gehören Banken, Versorgungsunternehmen, Industrieunternehmen, Eisenbahnen oder die Post. Zusätzlich sollen öffentliche Infrastrukturen, wie Autobahnen, Schiffs- und Flughäfen an private Betreiber veräußert werden. Weiters werden, sich im öffentlichen Besitz befindliche, Immobilien und Lizenzen verkauft. Dabei bestehen Befürchtungen, dass wegen des großen Ausmaßes und des Tempos der Privatisierungen, wie schon bei der deutschen Treuhand, die Vermögensgegenstände zu billig verkauft werden.[339]

1.4.3 Die wirtschaftlichen Interaktionen zwischen den Ländern

In den eng miteinander verzahnten Volkswirtschaften innerhalb des EU-Binnenmarktes erscheint eine expansive Fiskalpolitik als wenig attraktiv, zumal ein erheblicher Teil dieser Maßnahmen ins jeweilige Ausland abfließen würde. Wenn hingegen gespart wird, ist zu hoffen, dass sich ein Teil des Nachfolgeausfalls dem Ausland, im Sinne von Beggar my Neighbour, zuschanzen lässt. Schulmeister schlägt daher eine gemeinsame EU-weit koordinierte Gesamtstrategie vor.[340]

Am Beginn der Währungsunion war die Streuung der Nominalzinsen stärker als jene der Realzinsen. Als Folge der Währungsunion verschwand die Streuung der Nominalzinsen fast völlig. Im Gegenzug nahm die Streuung der Realzinsen zu, was seine Begründung im Auseinanderdriften der jeweiligen Inflationsraten findet. Im Vergleich zu der Zeit vor der Währungsunion ist die Inflation zwar insgesamt gestiegen, sie war dennoch immer noch deutlich größer als Null. Bei einer Konvergenz der Nominalzinsen bedeutete dies, dass in Ländern mit höherer Inflation die Realverzinsung deutlich geringer war. In Ländern mit hoher

---

[338] Vgl. Pohlkamp (2013), S. 5, [online].

[339] Vgl. Busch/Hermann/Hinrichs/Schulten (2012), S. 24, [online].

[340] Vgl. Schulmeister (2010), S. 94

Realverzinsung bestand daher ein Anreiz zum Sparen, wohingegen in Ländern mit niedriger Realverzinsung der Anreiz zu kreditfinanzierten Investitions- und Konsumausgaben deutlich höher war. Als Querschnitt der Mitgliedsländer der Währungsunion zeigt sich auch eine negative Beziehung zwischen dem Realzins und der Nettoverschuldungsquote gegenüber dem Ausland und ein positiver Zusammenhang zwischen der Inflationsrate und der Nettoverschuldungsquote gegenüber dem Ausland.[341]

Der Einfluss divergierender Realzinsen auf die Verschuldung ist insofern problematisch, als sich daraus ein sich selbst verstärkender Rückkopplungsprozess ergeben kann. Werden in den Ländern mit hoher Inflation, nicht importierbare Güter (Immobilien, Dienstleistungen) auf Kredit finanziert, führt dies zu einem weiteren Preisanstieg in diesen Ländern. Weiters fließt dadurch Kaufkraft in Länder mit einer niedrigeren Inflation ab, da deren Güter relativ billiger werden. Dieser Kaufkraftabfluss wird aber nicht durch steigende Importe in Länder mit niedriger Inflation kompensiert. Auf Dauer kann dies zu einer Verschuldungsspirale in den Ländern mit höherer Inflation führen.[342]

Der Befund, dass die Ursache der Krise eine unverantwortliche Budgetpolitik sei, führte dazu, dass den Regierungen der betroffenen Mitgliedsländer eine strenge Austeritätspolitik verordnet wurde. Kramer sieht einen Fehler darin, sich nicht zu fragen, wie die betroffenen Staaten die vereinbarten Ziele erreichen sollen, da die Austerität eine unvermeidliche Rezession nach sich zieht. Als Folgen dieser Maßnahmen sieht er massiven innenpolitischen Widerstand und eine Radikalisierung der betroffenen Bevölkerung. Unter diesen Voraussetzungen könne der geforderte Abbau der Staatsverschuldung erst recht nicht erreicht werden. Da der langfristige Schaden an der Gesellschaft und der Politik enorm und weitere Folgen unberechenbar seien, sieht Kramer in der langfristigen Umstrukturierung der Schulden, der Wirtschaft und des Staates den zielführenderen und billigeren Weg.[343]

Die offizielle Politik versucht die Eurokrise mit einem Kurs des harten Sparens zu überwinden. Damit wurde in Europa eine neuerliche Rezession ausgelöst. In Griechenland, Italien, Portugal und Spanien manifestiert sich die Austeritätspolitik vor allem als auf die Senkung von Löhnen und Sozialleistungen und auf die Privatisierung von öffentlichem Eigentum abzielend. Im Zeitraum von 2010 bis 2012 wurden in diesen vier Ländern die Reallöhne stark abgebaut. Die Pensionen betreffend wurden in diesen Staaten Maßnahmen

---

[341] Vgl. Maurer (2010), S. 89, [online].

[342] Vgl. Maurer (2010), S. 89f, [online].

[343] Vgl. Kramer (2012), S. 493.

gesetzt um das Wachstum der Ausgaben für die Rentensysteme deutlich zu reduzieren. Bei der Privatisierung des öffentlichen Eigentums wurden in Griechenland die drastischsten Maßnahmen gesetzt. Der Prozess der Liberalisierung des Europäischen Sozialmodells wurde, wie schon vor der Krise in West- und Osteuropa begonnen, nunmehr in Südeuropa fortgesetzt.[344]

Laut Keynesianischer Sichtweise sollen Nationen lernen, Vollbeschäftigung durch inländische Politik zu erreichen, damit eben nicht die Notwendigkeit besteht die Interessen des einen Landes dem seines Nachbarlandes entgegenzustellen, um die eigene Handelsbilanz zuungunsten des Nachbarlandes zu verändern. Damit würde der internationale Handel nicht mehr ein verzweifeltes Mittel sein, um die inländische Beschäftigung durch das Aufzwingen von Käufen in fremden Märkten und die Einschränkung von Käufen aus diesen Märkten, aufrecht zu erhalten. Ein derartiges Verhalten würde das Problem der Arbeitslosigkeit nur in das ökonomisch unterlegene Nachbarland verschieben. Der internationale Handel sollte hingegen ein williger, ungehinderter Austausch von Waren und Dienstleistungen zum gegenseitigen Vorteil sein.[345]

Uchatius bringt dies insofern auf den Punkt als er anmerkt, dass die deutsche Wirtschaft auf Pump anderer gewachsen ist.[346]

Bofinger meint, dass die deutsche Regierung steigende Löhne unterstützen soll um zu verhindern, dass der Euroraum kollabiert. Ein derartiger Zusammenbruch des Euros würde zu einer sehr hohen, und somit problematischen, Aufwertung für Deutschland führen. Besser sei eine kontrolliert durchgeführte, interne Aufwertung mittels eines einmaligen Lohnbonus. Man könne nicht darauf setzen, dass die anderen Euroländer dies mittels einer Lohnsenkung bewerkstelligen können. Gelinge der Ausgleich in der Wettbewerbsfähigkeit zwischen den Euroländern nicht, wird ein kostspieliges Auseinanderbrechen der Eurozone riskiert.[347]

---

[344] Vgl. Busch/Hermann/Hinrichs/Schulten (2012), S. 1, [online].

[345] Vgl. Skidelsky (2010), S. 271.

[346] Vgl. Uchatius (2012), [online].

[347] Vgl. Bofinger (2013), [online].

2. Didaktische Aspekte für die Behandlung der Schuldenkrise im volkswirtschaftlichen Unterricht an der Handelsakademie

Zunächst werden die normativen Forderungen, auf Basis der österreichischen Rechtsordnung zum Aktualitätsbezug von Inhalten im Unterricht, behandelt.

Der folgende Abschnitt thematisiert den grundsätzlichen didaktischen Umgang mit aktuellen Ereignissen im Unterricht anhand von zwei ausgewählten didaktischen Modellen.

In weiterer Folge wird die Notwendigkeit der Komplexitätsreduktion thematisiert, um den angestrebten Unterrichtsertrag zu sichern.

Ein weiterer Abschnitt erörtert den didaktischen Umgang mit ökonomischen Denkschulen. Es wird der didaktische Umgang mit dem Umstand dargestellt, dass die beiden wesentlichen ökonomischen Denkschulen (Neoliberalismus und Keynesianismus) jeweils keine allgemeingültige Musterlösung für die Themenstellung anzubieten haben. Die vorherrschenden volkswirtschaftlichen Theorieansätze basieren auf der Wachstumshypothese und dem Paradigma des Marktgleichgewichtes. Diese Grundannahmen sind nicht nur theoretisch, sondern auch bezüglich des Aspektes der *Verantwortung für die Zukunft* aus bildungspolitischer Sicht brüchig.[348]

Unter diesem Gesichtspunkt werden Möglichkeiten zur Darstellung dieser beiden Sichtweisen für die SchülerInnen bearbeitet. Weiters wird der Umstand thematisiert, dass sich die Thematik der Schuldenkrise mit dem gegenwärtigen Stand der ökonomischen Wissenschaft eben nicht vollständig verstehen, oder gar lösen lässt und die Frage aufwirft, wie damit im Unterricht umgegangen werden kann.

Der letzte Abschnitt des Kapitels befasst sich mit den speziellen Herausforderungen, mit denen sich die Lehrperson angesichts dieses Themas konfrontiert sieht.

2.1 Normative Forderungen zum Aktualitätsbezug von Inhalten im Unterricht

Allgemeine normative Forderungen zum Aktualitätsbezug finden sich im Schulunterrichtsgesetz. Spezielle diesbezügliche Anforderungen für den Schultyp der Handelsakademie und für das Fach Volkswirtschaftslehre findet sich im Lehrplan für den

---

[348] Vgl. Kögler/Müllauer (2009), S 62.

Schultyp. Hier werden sowohl der gültige Lehrplan, als auch der pädagogische Entwurf zum neuen Lehrplan für die Handelsakademie betrachtet.

Bestimmung im Schulunterrichtsgesetz:

Der Absatz 1 des § 17 des Schulunterrichtsgesetzes fordert von Lehrpersonen, dass der Unterricht gegenwartsbezogen und entsprechend dem Stand der Wissenschaft zu gestalten ist.[349]

Der Aktualitätsbezug im gültigen Lehrplan für die Handelsakademien:

In den allgemeinen Didaktischen Grundsätzen für die Handelsakademie ist festgelegt, dass die Auswahl des Lehrstoffes unter anderem nach dem Kriterium der Aktualität zu erfolgen hat. Es soll weiters „Verflechtung mit Erfahrungen und Interessen der Schülerinnen und Schüler"[350] als Kriterium für die Auswahl des Lehrstoffes gültig sein. Da davon auszugehen ist, dass die SchülerInnen durch Medienberichte hinsichtlich der Schuldenkrise sensibilisiert sind, bietet sich hier eine derartige Verflechtung an.[351]

Die Bildungs- und Lehraufgaben für das Unterrichtsfach Volkswirtschaft des aktuell gültigen Lehrplanes sehen unter anderem vor, dass die SchülerInnen „sich der ethischen Verantwortung in der globalen Wirtschaft bewusst sein und die Stellung Österreichs als Mitglied der internationalen Staatengemeinschaft sowie der EU und die sich daraus ergebenden Konsequenzen erkennen und beurteilen können" sollen[352] und „ihrer Rolle als verantwortungsbewusste Unionsbürger in Wirtschaft und Gesellschaft gerecht werden können"[353]. Da die Schuldenkrise unter anderem einen erheblichen Einfluss auf die EU und deren Mitgliedsländer hat, lässt sich hier ein Auftrag zur Behandlung der Thematik (auch im Sinne der Schlüsselqualifikation Europakompetenz) im Schulunterricht ableiten.[354] Da die Exzesse im Investmentbereich[355] für das Entstehen der Schuldenkrise mitverantwortlich zu sein scheinen, ist auch hier, hinsichtlich der ethischen Verantwortung in der globalen Wirtschaft, Handlungsbedarf gegeben. Die SchülerInnen sollen weiters „die Zusammenhänge von Frieden, politischer und volkswirtschaftlicher Stabilität als Basis für Wohlstand und

---

[349] Vgl. § 17 Absatz 1 Schulunterrichtsgesetz

[350] BGBl. II - Ausgegeben am 19. Juli 2004 - Nr. 291, S. 5.

[351] Vgl. BGBl. II - Ausgegeben am 19. Juli 2004 - Nr. 291, S. 5.

[352] BGBl. II - Ausgegeben am 19. Juli 2004 - Nr. 291, S. 49.

[353] BGBl. II - Ausgegeben am 19. Juli 2004 - Nr. 291, S. 49.

[354] Vgl. BGBl. II - Ausgegeben am 19. Juli 2004 - Nr. 291, S. 49.

[355] Vgl. Abschnitt 1.2.3.

Wohlfahrt erkennen"[356]. Die Schuldenkrise stellt eine Bedrohung für die volkswirtschaftliche Stabilität dar. Auch daraus lässt sich ein normativer Arbeitsauftrag an die Lehrpersonen für den volkswirtschaftlichen Unterricht ableiten.

Der Aktualitätsbezug im Entwurf des neuen Lehrplans für die Handelsakademien:

Der Entwurf des neuen Lehrplans für die Handelsakademien legt unter den allgemeinen Bildungszielen für den Schultyp fest, dass die SchülerInnen nach dem Abschluss der Handelsakademie unter anderem über die Kompetenz verfügen sollten, „ihr umfassendes und vernetztes wirtschaftliches Wissen sowie ihre praktischen Erfahrungen in ihrem beruflichen Handlungsfeld und ihrer persönlichen Lebenssituation einzusetzen"[357] und „eine aktive und verantwortungsbewusste Rolle als Arbeitnehmerin und Arbeitnehmer, als Unternehmerin und Unternehmer oder als Konsumentin und Konsument einzunehmen"[358]. Auch hier lässt sich eine normative Vorgabe zur Bearbeitung aktueller Themen wie der Schuldenkrise sehen.[359]

Die didaktischen Grundsätze für Volkswirtschaft als Teil des Clusters *Wirtschaft und Management* sehen unter anderem „eine zentrale Stellung im Unterricht aus Volkswirtschaft nimmt die Stärkung der Rolle als mündiger Staatsbürger mit Europakompetenz ein"[360], „die Entwicklung einer eigenen Position zu unterschiedlichen ökonomischen Fragestellungen mit entsprechenden Begründungen im Rahmen von Debatten ist zu fördern"[361] „und eine positive Einstellung zur Mitgestaltung der Zivilgesellschaft und Wirtschaft bei den SchülerInnen"[362] vor. Hier ist in den didaktischen Grundsätzen die normative Forderung nach von den SchülerInnen zu erreichender Handlungskompetenz in der realen wirtschaftlichen Situation enthalten.[363]

---

[356] Vgl. BGBl. II - Ausgegeben am 19. Juli 2004 - Nr. 291, S. 49.

[357] Lehrplan der Handelsakademie: ENTWURF (2012), S. 4.

[358] Lehrplan der Handelsakademie: ENTWURF (2012), S. 4.

[359] Vgl. Lehrplan der Handelsakademie: ENTWURF (2012), S. 4.

[360] Lehrplan der Handelsakademie: ENTWURF (2012), S. 85.

[361] Lehrplan der Handelsakademie: ENTWURF (2012), S. 85.

[362] Lehrplan der Handelsakademie: ENTWURF (2012), S. 85.

[363] Vgl. Lehrplan der Handelsakademie: ENTWURF (2012), S. 85.

2.2 Grundsätzlicher didaktischer Umgang mit aktuellen Ereignissen und didaktische Modelle

Unter Didaktik wird die Wissenschaft des Lehrens verstanden. Didaktik im engeren Sinne bezeichnet die Theorie des Lehrens. Didaktik im weiteren Sinne umfasst die Theorie und die Praxis des Lehrens. Die Mathetik beinhaltet die Theorie und die Praxis des Lernens, es handelt sich hierbei um die Wissenschaft des Lernens. Beide, die Didaktik und die Mathetik sind miteinander untrennbar verbunden. Bei der Fachdidaktik geht es um die Auseinandersetzung mit dem Lehren und Lernen von bestimmten (fachlichen) Lehrinhalten. Sie ist in der Regel der Fachwissenschaft zugeordnet. Die Methodik, als Teildisziplin der Didaktik, behandelt die Frage des *Wie* des Unterrichtens.[364]

Didaktik kann in allgemeiner Form mit der Frage, wer, was, wann, mit wem, wo, wie, womit und warum lernen soll? Neben der allgemeinen Didaktik haben sich verschiedene Fachdidaktiken etabliert. Die Didaktik der beruflichen Bildung ist eine Sammlung für verschiedene didaktische Ansätze in der beruflichen Bildung. Dabei stehen die Fachdidaktik und die Allgemeine Didaktik in einem Spannungsverhältnis. Während sich die Allgemeine Didaktik auf die Entwicklung von Strukturmodellen für das Handeln im Unterricht beschränkt, versucht die Fachdidaktik den Fachunterricht zu gestalten und für den Fachunterricht Handlungsempfehlungen bereitzustellen.[365]

Der pädagogische Entwurf zum neuen Lehrplan für die Handelsakademie sieht hinsichtlich der Unterrichtsmethoden vor, dass ein breites Spektrum von Unterrichtsmethoden zwischen Instruktion und Konstruktion einzusetzen ist.[366]

Die Funktion der didaktischen Modelle als erziehungswissenschaftliche Theoriegebäude, entspricht einer Vermittlungsposition zwischen Theorie und Praxis. Der Theoriekern von didaktischen Modellen orientiert sich in der Regel an einer wissenschaftstheoretischen Position. Ziel der didaktischen Modelle ist es, das komplexe Unterrichtsgeschehen zu erfassen, um so die Planung, die Entwicklung und die Durchführung des Unterrichts zu stützen.[367]

---

[364] Vgl. Stock (2010), S. 211.

[365] Vgl. Rebmann/Tenfelde/Uhe (2005), S. 173.

[366] Vgl. Lehrplan der Handelsakademie: ENTWURF (2012), S. 5.

[367] Vgl. Riedl (2004), S. 51.

Die Beantwortung der Frage, wie Bildungsinhalte konkret im Unterricht umgesetzt werden können, soll durch die didaktische Analyse beantwortet werden. Sie dient dabei als Kern der Vorbereitung des Unterrichts[368] als das zentrale Instrument der bildungstheoretischen Didaktik.[369] Es soll geklärt werden ob, der geplante Unterrichtsinhalt geeignet ist den Lernenden Inhalte der Wirklichkeit zu erschließen und sie für diese Inhalte empfänglich zu machen.[370] Der erste Schritt bei der didaktischen Analyse ist die Unterscheidung zwischen dem Bildungsinhalt und dem Bildungsgehalt.[371]

Klafkis Perspektivenschema zur Unterrichtsvorbereitung ist ein Konzept, in dem Leitfragen enthalten sind, welche durch weitere Fragen zur Unterrichtsplanung ergänzt werden.[372]

Folgende Grundfragen der didaktischen Analyse sind zentraler Bezugspunkt der Unterrichtsplanung:[373,374]

✓ Die *exemplarische Bedeutung*: Welchen Sachverhalt oder welches Problem kann der gegebene Inhalt erschließen?

✓ Die *Gegenwartsbedeutung* für die SchülerInnen: Hat der Inhalt im geistigen Leben der SchülerInnen bereits eine Bedeutung?

✓ Was ist die *Zukunftsbedeutung* des Themas im Leben der SchülerInnen?

✓ Was ist die *Struktur des Inhaltes* mit seiner exemplarischen Bedeutung, seiner Gegenwarts- und Zukunftsbedeutung?

✓ Die *Zugänglichkeit des Inhaltes*: Durch welche besonderen Phänomene, Fälle, Ereignisse oder Personen kann die Struktur des Inhaltes den SchülerInnen einer konkreten Klasse interessant und begreiflich veranschaulicht werden?

Klafki sieht die Didaktische Analyse als den Kern der Unterrichtsvorbereitung an. Er übernimmt die fünf zentralen Fragen der Didaktischen Analyse für sein didaktisches Modell, das im Abschnitt 2.2.2 dargestellt wird.[375]

---

[368] Vgl. Neubert (2001), S. 13, [online].

[369] Vgl. Rebmann/Tenfelde/Uhe (2005), S. 179.

[370] Vgl. Riedl (2004), S. 58.

[371] Vgl. Rebmann/Tenfelde/Uhe (2005), S. 180.

[372] Vgl. Rebmann/Tenfelde/Uhe (2005), S. 180.

[373] Vgl. Riedl (2004), S. 58ff.

[374] Vgl. Schmitz (1977), S. 69f.

2.2.1 Das Grundmodell nach Posch/Schneider/Mann

Dieses Grundmodell der Unterrichtsplanung wurde in Österreich entwickelt. Es ist durch ein zusammenhängendes Begriffssystem charakterisiert, mit dem es Lehrenden ermöglicht wird sämtliche Unterrichtselemente einzuordnen und diese miteinander zu vernetzen.[376]

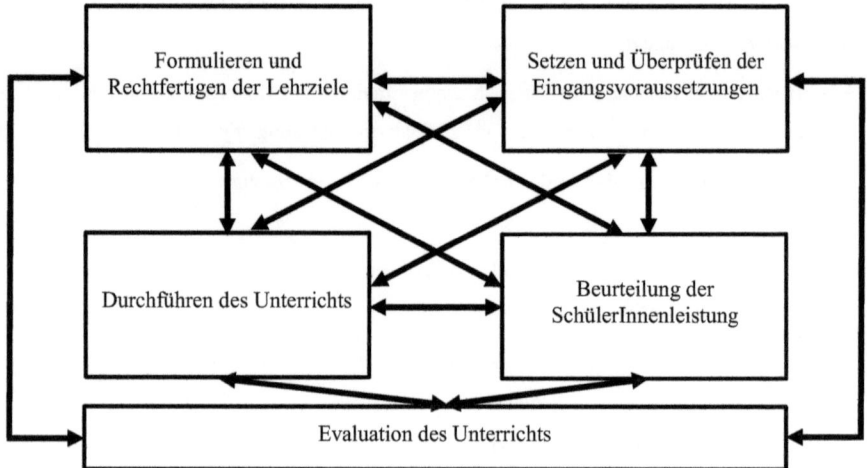

Abbildung 8: Grundmodell der Unterrichtsplanung nach Posch/Schneider/Mann, selbst erstellte Grafik in Anlehnung an Stock[377]

Das Grundmodell nach Posch/Schneider/Mann besteht aus fünf Teilen, welche wechselseitig miteinander verbunden sind:[378]

✓ Die *Formulierung und Rechtfertigung der Lehrziele*: Es ist dies der Ausgangspunkt einer Unterrichtsplanung, da eine solche ohne Lehrziele überhaupt nicht möglich ist. Die gewählten Lehrziele sind gegenüber der Gesellschaft zu rechtfertigen. Die Lehrenden bekommen ihren Auftrag von der Gesellschaft mittels der Lehrpläne.

✓ Das *Setzen und Überprüfen der Eingangsvoraussetzungen*: Hierbei wirken die Lehrenden auf der Schul- und der Klassenebene dabei mit, zu entscheiden, wer überhaupt am

---

[375] Vgl. Riedl (2004), S. 63.

[376] Vgl. Stock (2010), S. 329.

[377] Vgl. Stock (2010), S. 329.

[378] Vgl. Stock (2010), S. 329.

Unterricht teilnehmen darf. Als Kriterium dafür dienen die psychischen und sozialen Voraussetzungen für den Unterricht.

✓ Das *Durchführen des Unterrichts*: Es ist dies der quantitative Schwerpunkt der Arbeit der Lehrenden wobei es hierbei um die Qualifizierung der SchülerInnen geht. Bei der Durchführung des Unterrichts sind drei Hauptfunktionen zentral:

   ✓ Die *Informationsfunktion*,

   ✓ die *Lernanlassfunktion* und

   ✓ die *Rückmeldefunktion*.

✓ Die *Beurteilung der Schülerleistung*: Hier besteht die Aufgabe der Lehrenden darin, die Leistungen der SchülerInnen für die Außenwelt (ArbeitgeberInnen und tertiäre Bildungseinrichtungen) zu dokumentieren.

✓ Die *Evaluation des Unterrichts*: Dies ist der dynamische Motor des Modells der Unterrichtsplanung. Die freiwillige Evaluation des eigenen Unterrichts erlaubt es den Lehrenden Rückschlüsse auf diesen zu ziehen. Im folgenden Schuljahr können die Ergebnisse der Evaluation wiederum in die Planung des Unterrichts einfließen.

Für den Unterricht im Unterrichtsfach Volkswirtschaftslehre könnte die Behandlung des Themas Schuldenkrise anhand des Grundmodells nach Posch/Schneider/Mann folgendermaßen angesetzt werden:

ad Formulierung und Rechtfertigung der Lehrziele:

✓ Die SchülerInnen sollen durch den Unterricht einen Überblick über die Entstehung und die aktuelle Situation der Schuldenkrise erlangen.

✓ Die SchülerInnen sollen nach dem Unterricht die globalen, die europäischen und die nationalen Aspekte der Schuldenkrise kennen und diese der jeweiligen Ebene zuordnen können.

✓ Die SchülerInnen sollen mit den neoliberalen[379] und den keynesianischen[380] Sichtweisen konfrontiert werden. Der Unterricht soll es den SchülerInnen ermöglichen, beide

---

[379] Vgl. Abschnitt 1.2.1 Die neoliberale Sich auf die Schuldenkrise, S. 19ff.

[380] Vgl. Abschnitt 1.2.2 Die keynesianische Sicht auf die Schuldenkrise, S. 25ff.

Sichtweisen einander gegenüberzustellen und entsprechende Aussagen in den Medien der jeweiligen ökonomischen Schule zuzuordnen.

ad Setzen und Überprüfen der Eingangsvoraussetzungen:

Als Eingangsvoraussetzungen zur Bearbeitung des Themas im Unterricht werden hier vorgeschlagen:

✓ die grundsätzliche Konstruktion des Geldsystems[381,382,383] und

✓ die volkswirtschaftlichen Lehrmeinungen wie der Neoliberalismus und der Keynesianismus in ihren Grundzügen.[384,385]

Diese Themenfelder sind daher vor der Behandlung der Schuldenkrise im volkswirtschaftlichen Unterricht zu behandeln. Beim Geldschöpfungsprozess der Geschäftsbanken[386] bietet sich hier eine Vernetzungsmöglichkeit zum Rechnungswesen an.

ad Durchführen des Unterrichts:

✓ *Informationsfunktion*: Für die Behandlung des Themas Schuldenkrise wird hier grundsätzlich ein klassischer Frontalunterricht, angereichert mit einem Medienmix, vorgeschlagen.

✓ *Lernanlassfunktion*: Als Lernanlässe können hier beispielsweise themenbezogene Medienberichte dienen.

✓ *Rückmeldefunktion*: Durch gezielte Fragen an die SchülerInnen gegen Ende einer Unterrichtseinheit lässt sich ein Bild darüber gewinnen, ob diese die jeweiligen Inhalte verstanden haben und es bietet sich somit für die Lehrkraft die Möglichkeit für gezielte Rückmeldungen (Rückmeldung zur Diagnose).

---

[381] Vgl. Abschnitt 1.3.1 Darstellung der Ist-Situation – Geldschöpfung und Geldvernichtung, S. 37ff

[382] BGBl. II - Ausgegeben am 19. Juli 2004 - Nr. 291, S. 50.

[383] Vgl. Lehrplan der Handelsakademie: ENTWURF (2012), S. 86f.

[384] BGBl. II - Ausgegeben am 19. Juli 2004 - Nr. 291, S. 49.

[385] Vgl. Lehrplan der Handelsakademie: ENTWURF (2012), S. 86f.

[386] Vgl. Lehrplan der Handelsakademie: ENTWURF (2012), S. 86.

ad Beurteilung der Schülerleistung:

Im Rahmen einer schriftlichen Leistungsüberprüfung[387] lässt sich gut nachvollziehen ob die SchülerInnen:

✓ den Verlauf der Schuldenkrise in ihrer Entstehung und ihren zeitlichen Ablauf kennen,

✓ die nationalen, die europäischen und die Globalen Aspekte der Schuldenkrise kennen und zuordnen können und

✓ die keynesianische und die neoliberale Sichtweisen auf die Schuldenkrise kennen, die jeweilige Sichtweise darstellen und voneinander unterscheiden können.

ad Evaluation des Unterrichts:

Für die Evaluation eines Unterrichts, welcher eine derartig komplexe Themenstellung zum Inhalt hat, bietet es sich an darüber zu reflektieren, inwieweit die SchülerInnen die Thematik verstanden haben. Dies kann unter anderem auf der Basis der schriftlichen Arbeiten der SchülerInnen erfolgen.

2.2.2 Kritisch-konstruktive Didaktik

Der Ansatz der kritisch-konstruktiven Didaktik wurde von Klafki aus der didaktischen Analyse weiter entwickelt. Das Adjektiv kritisch bedeutet, dass die gegenwärtigen Situationen nicht unreflektiert hingenommen werden. Konstruktiv deutet auf geforderte Veränderungen eben dieser Situationen hin.[388]

Bei der Entwicklung der kritisch-konstruktiven Didaktik übernahm Klafki aus der lerntheoretischen Didaktik den weiter gefassten Didaktikbegriff. Die gesellschaftliche und politische Bezogenheit und ideologiekritische Elemente für Lehr-Lern-Prozesse hat Klafki von der kommunikativen Didaktik übernommen. Aus der lernzielorientierten Didaktik hat Klafki die Priorität und die Kontrolle der jeweiligen Lernziele in sein Modell integriert. Für sein Modell hat Klafki die didaktische Analyse durch veränderte aktuelle Planungsanforderungen und die Bedingungsanalyse erweitert. Die Planungsanforderungen beziehen weitere Unterrichtsdimensionen ein. Die Bedingungsanalyse analysiert

---

[387] Vgl. Feigl (2007), S. 12ff, [online].

[388] Vgl. Riedl (2004), S. 62.

anthropogene, soziokulturelle und institutionelle Voraussetzungen für den Unterricht. Ergänzend kommen methodische Überlegungen, Überlegungen hinsichtlich der eingesetzten Medien und Kontroll- bzw. Überprüfungselemente hinzu.[389]

Klafki gibt an, dass die Kritische Theorie in seinen erziehungswissenschaftlichen Perspektiven wesentlich von Habermas beeinflusst wurde.[390]

Das Perspektivenschema (die didaktischen Felder zur Unterrichtsplanung) der kritisch-konstruktiven Didaktik zur Unterrichtsplanung von Klafki beinhaltet:[391,392]

✓ Die *Bedingungsanalyse*: Dabei erfolgt eine Analyse der konkreten sozio-kulturell vermittelten Ausgangsbedingungen sowohl der Klasse als auch der Lehrperson. Weiters sind die unterrichtsrelevanten institutionellen Bedingungen und mögliche oder wahrscheinliche Schwierigkeiten und Störungen Gegenstand der Analyse.

✓ Den *Begründungszusammenhang*: Dieser setzt sich aus der Gegenwartsbedeutung, der Zukunftsbedeutung und der exemplarischen Bedeutung zusammen. Die exemplarische Bedeutung tangiert die allgemeinen Lernziele, die allgemeinen Qualifikationen, die bereichsspezifischen Lernziele und fachliche oder fachübergreifende Lernziele.

✓ Eine *thematische Strukturierung*: Diese beinhaltet Teillernziele und soziale Ziele. Die Erweisbarkeit und Überprüfbarkeit der Inhalte ist dabei eine wesentliche Voraussetzung. Hierbei geht es unter anderem um die thematischen Momente, die Zusammenhänge der thematischen Momente, die immanente methodische Struktur oder um umfassendere Zusammenhänge.

✓ Die *Bestimmung von Zugangs und Darstellbarkeit*: Hier geht es darum, wie das Thema unter anderem unter Zuhilfenahme von Medien dargestellt und den SchülerInnen so zugänglich gemacht werden kann.

✓ Eine *methodische Strukturierung*: Dabei geht es um die Lehr-Lern-Prozess-Struktur. Darunter kann ein variables Konzept notwendiger oder möglicher Organisations- und Vollzugsformen des Lernens verstanden werden. Dies beinhaltet Lehrhilfen, als Interaktionsstruktur und Medium sozialer Lernprozesse.

---

[389] Vgl. Riedl (2004), S. 63.

[390] Vgl. Klafki/Braun (2007), S. 61.

[391] Vgl. Riedl (2004), S. 64f.

[392] Vgl. Neubert (2001), S. 27, [online].

Das Perspektivenschema bezieht sich nicht nur auf eine einzelne Unterrichtsstunde, sondern auf eine länger dauernde Unterrichtseinheit.[393]

Das Modell der kritisch-konstruktiven Didaktik scheint aus folgenden Gründen für die Behandlung des Themas Schuldenkrise im volkswirtschaftlichen Unterricht an der Handelsakademie sehr geeignet zu sein:

✓ Im Sinne von *kritisch* erscheint es wünschenswert, dass die SchülerInnen, die mit der Schuldenkrise verbundene makroökonomische Situation nicht einfach hinnehmen, sondern sich kritisch damit auseinandersetzen.

✓ Auch wenn für das Thema zurzeit *die Lösung* nicht greifbar erscheint, sollten die SchülerInnen im Sinne von *konstruktiv*, zumindest die Notwendigkeit zu einer geforderten Veränderung der Situation erkennen.

✓ Beim gegebenen Thema ist, wie bereits im Kapitel eins dargestellt, eine hohe Gegenwartsbedeutung vorhanden. Da die SchülerInnen des fünften Jahrganges mit hoher Wahrscheinlichkeit auch im Zuge ihres persönlichen Medienkonsums mit dem Thema Schuldenkrise konfrontiert wurden und werden, ist davon auszugehen, dass für sie eine individuelle Gegenwartsbedeutung vorhanden ist. Möglicherweise ist diese Gegenwartsbedeutung auf der affektiven Ebene auch mit Emotionen wie Angst verbunden. Als SchülerInnen des fünften Jahrganges der Sekundarstufe II treffen sie bereits Konsumentscheidungen, oder haben als WählerInnen die Rolle als mündige StaatsbürgerInnen auszufüllen.[394] Es ist mit hoher Wahrscheinlichkeit davon auszugehen, dass beim Thema Schuldenkrise eine entsprechende Zukunftsbedeutung gegeben ist, auch wenn von offizieller Seite die Eurokrise vereinzelt bereits für beendet erklärt wurde.[395] Dies gilt dann möglicherweise auch für die SchülerInnen auf der individuellen Ebene. Für die SchülerInnen kann das bedeuten, dass sie auch zukünftig mit Medienberichten zur Schuldenkrise konfrontiert werden, oder dass sich gar ein Einfluss der Schuldenkrise auf die eigene materielle Zukunft ergibt.[396] Für die SchülerInnen des fünften Jahrganges der Handelsakademie ist dies insofern beachtlich, als dass sie, sollten sie sich nicht für einen weiteren Bildungsweg entscheiden, unmittelbar vor dem Berufseinstieg bzw. der

---

[393] Vgl. Riedl (2004), S. 64.

[394] Vgl. Kögler/Müllauer (2009), S 61.

[395] Vgl. Eckert (2013), [online].

[396] Vgl. Kögler/Müllauer (2009), S 61.

beruflichen Erstentscheidung stehen.[397] Aus den verschiedenen Rollen, beispielsweise als KonsumentIn, der/die täglich Kaufentscheidungen trifft, oder als ArbeitnehmerIn bzw. als ArbeitgeberIn, deren berufliche Entscheidungen Konsequenzen nach sich ziehen und als StaatsbürgerIn, der/die verantwortlich handeln soll, ergeben sich Handlungsaspekte zu den volkswirtschaftlichen Inhalten.[398]

✓ Zur thematischen Strukturierung des Themas wird in der vorliegenden Arbeit der Versuch unternommen, eine solche anzubieten. Diese ist der Inhalt des ersten Kapitels der Arbeit.

Die kritisch-konstruktive Didaktik ist gesellschaftspolitisch ausgerichtet und hat eine Betonung auf eine demokratische Sozialerziehung. Der Ansatz verfügt als Zielbestimmung die Emanzipation im Sinne von Selbstbestimmungsfähigkeit, die Fähigkeit zur Mitbestimmung und die Fähigkeit sich mit anderen zu solidarisieren. Für Klafki bestimmen diese Kennzeichen den gebildeten Menschen. Sie sollen durch die Auseinandersetzung mit den Schlüsselproblemen der Zeit und einer vielseitigen Bildung erreicht werden.[399,400]

Zu den epochalen Schlüsselthemen, wie sie Klafki formuliert hat, zählen beispielsweise die Integration ökologischer und ethischer Aspekte ins volkswirtschaftliche Denken und damit auch aus der fachdidaktischen Perspektive im Sinne von Nachhaltigkeit und Zukunftsrelevanz.[401]

Bei diesen Sinn-Dimensionen geht es darum die SchülerInnen in das Verständnis von epochenübergreifenden *Menschheitsthemen* einzuführen. Mittels anspruchsvoller Unterrichtsthemen sollen die SchülerInnen in solche Themen hineingeführt werden. Ihnen sollen gründlich, anschaulich und erfahrungsbezogen neue Horizonte, mit dem Anspruch auf Kooperationsbereitschaft, -fähigkeit und Selbsttätigkeit, aufgeschlossen werden.[402]

2.2.3   Konstruktivistische Didaktik

Zur Erarbeitung des Themas Schuldenkrise im volkswirtschaftlichen Unterricht wird hier vorgeschlagen, nach dem kognitivistischen Grundmodell nach Posch/Schneider/Mann

---

[397] Vgl. Kögler/Müllauer (2009), S 61.
[398] Vgl. Kögler/Müllauer (2009), S 61.
[399] Vgl. Riedl (2004), S. 63.
[400] Vgl. Klafki/Braun (2007), S. 65.
[401] Vgl. Kögler/Müllauer (2009), S 62.
[402] Vgl. Klafki/Braun (2007), S. 176.

vorzugehen, um eine Überforderung der SchülerInnen bei der Erarbeitung der Inhalte zu vermeiden. Im Zuge einer abschließenden Reflexion des Gelernten erscheint ein konstruktivistischer Ansatz aber durchaus geeignet. Gilt es doch, es den SchülerInnen zu ermöglichen, aus der Vielzahl der Sichtweisen auf das Thema eine eigene zu finden bzw. zu konstruieren.

Das konstruktivistische Denken wurde vor allem durch die Phänomenologie vorbereitet. Einen Einfluss hatte auch das kybernetische Denken, welches durch Heinz von Foerster aufgegriffen wurde. Die Systemtheorie war für die konstruktivistischen Ansätze von Maturana und Varela oder auch bei Luhmann von Bedeutung.[403]

Psychologische Vorläufer waren unter anderem die konstruktive Psychologie von Piaget und die systemische Familientherapie und deren Beratungsansätze.[404]

Erwähnenswert ist auch der Beitrag der Kommunikationstheorien, die unter anderem von Watzlawick entwickelt wurden. Diese sind am Konstruktivismus orientiert und haben auch zu dessen Weiterentwicklung beigetragen.[405]

Reich sieht in der konstruktivistischen Didaktik eine Beziehungsdidaktik, die auf den Grundlagen der systemischen Familientherapie mit deren konstruktivistischer Orientierung entwickelt wurde.[406]

Ausgangspunkt der konstruktivistischen Didaktik ist, dass den Lernenden die eigenständige Konstruktion von Wissen ermöglicht wird. Der Fokus wird dabei auf das Lernen gelegt. Das Lehren wird als Unterstützung der Lernenden bei der Selbstkonstruktion verstanden. Grundthese ist, dass das Lernen nur durch das Individuum selbst zu bewerkstelligen ist. Aufgabe der Lehrperson ist es, die Lernprozesse anzuregen. Zur Ermöglichung dieser Anregung der Lernprozesse braucht es die Lehrperson oder die Mitlernenden. Das Lernen selbst wird dabei als ein nicht-linearer, multidimensionaler und nicht-deterministischer Prozess verstanden, bei dem komplexe dynamische Lerninhalte aktiv in die Wissens- und Handlungsstrukturen der Lernenden integriert werden. Die Rolle von LehrerInnen ist jene, dass sie für die Gestaltung der Lernumgebung zuständig sind und für die SchülerInnen als BeraterInnen zur Verfügung stehen. LehrerInnen werden hier auch als Mitlernende

---

[403] Vgl. Reich (2004), S. 35, [online].

[404] Vgl. Reich (2004), S. 35f, [online].

[405] Vgl. Reich (2004), S. 36, [online].

[406] Vgl. Reich (2004), S. 36f, [online].

verstanden. Im Vordergrund steht hier nicht eine radikale Sicht des konstruktivistischen Denkens, sondern ein pragmatischer Konstruktivismus.[407]

Der Begriff gemäßigter Konstruktivismus ist irreführend. Es geht hier darum, dass unterschiedliche Ansätze zu Lern- und Lehrformen eine konstruktivistische Begründung für das Lernen und das Lehren annehmen. Parallel dazu wird auf bewährte Theorien und Praktiken des Instruierens zurückgegriffen.[408]

Bei konstruktivistischen Ansätzen wird die Wissensbasis für zu lösende Probleme, bzw. Fälle, von den Lernenden selbst entwickelt und nicht von den Lehrkräften übermittelt.[409]

Im Gegensatz dazu haben bei einem LehrerInnen-zentrierten Unterricht die SchülerInnen eher die Rolle von passiven BeobachterInnen, mit wenig eigener Handlung bei vorgegebener Teilnahme.[410]

Beim forschenden, entdeckenden Lernen ist die Lehrperson nicht die Vermittlerin des Wissens, sondern hat sie die Aufgabe das Lernen zu organisieren. Weiters ist die Lehrperson nicht Lehr- sondern Lernexpertin. Sie muss also die Lernprozesse des betreffenden Faches und der jeweiligen Altersstufe tiefgreifend verstehen. Ein Menschenbild, welches den Menschen als ein der Umwelt zugewandtes und von Natur aus neugieriges Wesen sieht, welches versucht die Welt zu entdecken, ist Voraussetzung dafür, jungen Menschen ein eigenständiges und selbstgesteuertes Entdecken zu ermöglichen. Es gilt Bedingungen zu schaffen unter denen sich die Neugier und Entdeckungsfreude entfalten können, um so die Entdeckungs- und Lernlust zu fördern. In einem klaren organisatorischen Rahmen arbeiten die SchülerInnen selbständig an interessanten Lernaufgaben. Ziel ist dabei nicht nur die Gewinnung von Wissen, sondern dass die komplexen Zusammenhänge und Strukturen des Themas verstanden werden.[411]

Für die Gestaltung von Lehr- bzw. Lernprozessen haben Mandl und sein Team, basierend auf einen moderaten Konstruktivismus, folgende konstruktivistische Leitlinien aufgestellt:[412]

✓ Authentische und komplexe Probleme: Für das Lernen sollen authentische und komplexe Problemstellungen den Ausgangspunkt bilden.

---

[407] Vgl. Riedl (2004), S. 74f.

[408] Vgl. Reich (2004), S. 38, [online].

[409] Vgl. Kaiser/Kaminsky (1999), S. 69.

[410] Vgl. Reich (2004), S. 46, [online].

[411] Vgl. Schratz/Weiser (2002), S. 40f.

[412] Vgl. Kaiser/Kaminsky (1999), S. 74f.

✓ Lernen in multiplen Kontexten: Um zu verhindern, dass die erworbenen Kenntnisse und Fähigkeiten auf eine bestimmte Situation fixiert bleiben, sollen die Inhalte in verschiedenen Kontexten gelernt werden.

✓ Lernen unter multiplen Perspektiven: Durch die Betrachtung der Unterrichtsinhalte aus verschiedenen Perspektiven kann die Flexibilität der Wissensanwendung gefördert werden.

✓ Lernen im sozialen Kontext: Es soll im sozialen Kontext gelernt werden. Dabei ist die Zusammenarbeit der Lernenden untereinander und jene mit dem Experten bzw. der Lehrkraft ein wesentlicher Bestandteil der Lernprozesse.

Die genannten Leitlinien erscheinen für die Bearbeitung des Themas *Schuldenkrise* im Rahmen des volkswirtschaftlichen Unterrichtes im fünften Jahrgang der Handelsakademie aus folgenden Gründen als geeignet:

✓ ad authentische Probleme: Das Thema verfügt über einen großen Realitätsbezug und einen hohen Komplexitätsgrad. Da Auswirkungen auf die Realwirtschaft gegeben sind, ist auch eine berufliche Relevanz für die zukünftige Berufstätigkeit der SchülerInnen nicht von der Hand zu weisen.

✓ ad lernen in multiplen Kontexten: Hier bietet es sich beispielsweise an, die gelernten Inhalte aus den verschieden ökonomischen Theorien auf die Problemstellungen der Schuldenkrise anzuwenden. Eine Fragestellung dabei könnte sein, wie die derzeit realisierte Austeritätspolitik von VertreterInnen der unterschiedlichen ökonomischen Schulen gesehen werden könnte.

✓ ad Lernen unter multiplen Perspektiven: Die Thematik betrifft viele verschiedene Gruppen der Gesellschaft und hat sowohl nationale, als auch europäische und internationale Perspektiven. Dies kann eine gute Voraussetzung dafür sein die SchülerInnen dazu anzuregen, die Thematik mit ihrem Wissen durch verschiedene Brillen zu betrachten. Weiters können die SchülerInnen dazu motiviert werden zu hinterfragen, was dies für ihr konkretes Handeln in ihren Rollen als unterschiedliche Wirtschaftssubjekte bedeuten kann.

✓ ad Lernen im sozialen Kontext: Dabei bieten sich beispielsweis Rollenspiele an. Inhalt eines solchen Rollenspieles könnte die Simulation einer Verhandlung zwischen

VertreterInnen der deutschen und der griechischen Regierung über einen umsetzbaren Umgang mit der gegenwärtigen Situation sein.

2.3 Reduktion der Komplexität der Thematik

Die Reduktion der Komplexität spielt für die Entwicklung des beruflichen Bildungssystems eine wichtige Rolle. Damit die berufliche Bildung die von ihr erwarteten Zwecke erreichen kann, muss sie die potentiell unbeschränkte Komplexität der Realität beschränken.[413]

Kögler und Müllauer sehen die didaktische Herausforderung für LehrerInnen für den volkswirtschaftlichen Unterricht vor allem darin, die Inhalte bei gleichzeitiger Wahrung der theoretischen Fundierung ansprechend aufzubereiten. Die Zielsetzung dabei ist, dass die SchülerInnen für volkswirtschaftliche Fragestellungen sensibilisiert werden. Um dies erreichen zu können sehen sie folgende Erfordernisse:[414]

✓ Die Verwendung einer klaren und verständlichen Sprache,

✓ eine leicht nachvollziehbare Darstellungsweise der volkswirtschaftlichen Inhalte,

✓ eine hohe Aktualität und einen starken Bezug zur wirtschaftlichen Realität und,

✓ dass die *Erlebnis- und Erfahrungswelt* der SchülerInnen in den Unterricht mit einbezogen wird.

In volkswirtschaftlichen Lehrveranstaltungen an der Universität sind eine hohe Formalisierung und mathematische Abstraktion von zentraler Bedeutung. Oft kommt hinzu, dass die Studierenden dabei die normativen und wirtschaftspolitischen Grundannahmen nicht reflektieren. Für den schulischen Bereich bedarf es jedoch einer anderen Gewichtung. Für den schulischen Kontext ist es das Ziel, den SchülerInnen einen interessanten und problemorientierten Einblick in die gesamtwirtschaftlichen Zusammenhänge zu bieten, um ihnen so Lust auf die Auseinandersetzung mit der Wirtschaft zu machen. Die Intention ist folglich eine *ökonomische Alphabetisierung*.[415]

---

[413] Vgl. Arnold (1996), S. 84f.

[414] Vgl. Kögler/Müllauer (2009), S 62.

[415] Vgl. Kögler/Müllauer (2009), S 62.

Hier seien noch Skidelskys Forderungen zur Reformierung des Studiums der Wirtschaftswissenschaft angemerkt. Die Aussagen bezüglich des Bachelor-Studiums bieten möglicherweise auch eine gewisse Übertragbarkeit auf den volkswirtschaftlichen Unterricht in der Handelsakademie.

Skidelsky fordert die Reformierung des Studiums der Wirtschaftswissenschaft bzw. der Ökonomie. Da die Ökonomie eine Sozial- und eben keine Naturwissenschaft sei und daher kein menschlicher oder institutioneller Aspekt außerhalb des Blickwinkels sein soll, soll diese Reform möglichst breit angelegt sein. Neben den Standardinhalten wie Makro- und Mikroökonomie, sollten daher Wissensgebiete wie die Wirtschaftsgeschichte, die Soziologie, die Politik oder auch die Moralphilosophie ins Curriculum integriert werden. Die Gewichtung der Mathematik solle hingegen deutlich zurückgenommen werden. Für das Masterstudium schlägt Skidelsky die Auftrennung in einen Studiengang für Mikroökonomie und einen für Makoökonomie vor. Der Inhalt des Studienganges für Mikroökonomie sollte die Entwicklung und Tests von ökonomischen Modellen beinhalten und eventuell mit Betriebswirtschaftslehre kombiniert werden. Der makroökonomische Studiengang hingegen sollte mehrere Fächer, wobei die Hälfte davon nicht wirtschaftswissenschaftlich sein soll, beinhalten.[416]

2.4 Didaktischer Umgang mit den ökonomischen Denkschulen

Für die Volkswirtschaftslehre existieren keine verbindlichen ontologischen Strukturen. Es existieren vielmehr unterschiedliche volkswirtschaftliche Theorien, die partiell zu gegensätzlichen wirtschaftlichen Implikationen führen. Dies lässt sich anhand der Finanzmarktkrise veranschaulichen. Die Umsetzung neoliberaler Theoriekonzepte hat dazu geführt, dass Reglementierungen für die Finanzmärkte sukzessive abgebaut wurden. Die Vertreter des keynesianischen Theoriegebäudes hingegen, sind für effiziente Reglementierungen des Finanzmarktes eingetreten. Mit dieser Forderung haben sie sich allerdings bei den Funktionsträgern der Politik nicht durchgesetzt. Es existiert in der Volkswirtschaftslehre also eine Vielfalt von Paradigmen, die im Unterricht mit den SchülerInnen didaktisch zu bearbeiten sind.[417]

---

[416] Vgl. Skidelsky (2010), S. 273ff.

[417] Vgl. Kögler/Müllauer (2009), S 62.

Zur Erreichung des von Klafki definierten Erziehungsziels der Ambiguitätstoleranz[418], erscheinen die unterschiedlichen volkswirtschaftlichen Theorien durchaus geeignet, stellen sie doch teilweise gegensätzliche wirtschaftliche Implikationen[419], eine inhaltliche Offenheit und Unentschiedenheit auf der makroökonomischen Ebene dar.

Aus den oben angeführten Gründen erscheint das Modell der kritisch-konstruktiven Didaktik durchaus für die Behandlung im volkswirtschaftlichen Unterricht geeignet.[420]

2.4.1 Transport der neoliberalen und der keynesianischen Sichtweisen an die SchülerInnen

Für den volkswirtschaftlichen Unterricht bietet die Auseinandersetzung mit den unterschiedlichen ökonomischen Theorien die Möglichkeit, unterschiedliche Normen und Menschenbilder für die SchülerInnen transparent werden zu lassen.[421]

Der aktuelle Lehrplan für die Handelsakademie sieht für den Basislehrstoff im Fach Volkswirtschaft vor, dass bei den volkswirtschaftlichen Grundlagen die wichtigsten Lehrmeinungen behandelt werden.[422]

Der pädagogische Entwurf für den neuen Lehrplan für die Handelsakademien, führt unter den Bildungs- und Lehraufgaben für Volkswirtschaft an, dass die Schülerinnen und Schüler im Bereich Wirtschaftstheorien und Wirtschaftssysteme „die unterschiedlichen marktwirtschaftlichen Systeme im Spektrum zwischen freier und ökosozialer Marktwirtschaft vergleichen" können.[423]

Wie beim aktuellen Lehrplan für die Handelsakademie, ist auch im Lehrplanentwurf als Lehrstoff für das neunte Semester vorgesehen, volkswirtschaftliche Lehrmeinungen mit den SchülerInnen zu bearbeiten.[424]

---

[418] Vgl. Klafki/Braun (2007), S. 88.

[419] Vgl. Kögler/Müllauer (2009), S 62.

[420] Vgl. Abschnitt 2.2.1.

[421] Vgl. Kögler/Müllauer (2009), S 62.

[422] Vgl. BGBl. II - Ausgegeben am 19. Juli 2004 - Nr. 291, S. 49.

[423] Vgl. Lehrplan der Handelsakademie: ENTWURF (2012), S. 86.

[424] Vgl. Lehrplan der Handelsakademie :ENTWURF (2012), S. 87.

2.4.2 Umgang mit der Unsicherheit und der Unwissenheit der Disziplin im Unterricht

Die auf globaler und europäischer Ebene noch immer vor sich hin schwelende Wirtschafts-, Banken- und Staatsschuldenkrise, hat die Volkswirtschaftslehre fundamental erschüttert.[425] Das Ausmaß der Krise führte innerhalb der Wirtschaftswissenschaft zu einer Rat- und Orientierungslosigkeit.[426]

Einerseits scheint die Wirtschaftskrise nur durch Wachstum überwindbar zu sein, andererseits stößt eben das Konzept des Wirtschaftswachstums zunehmend auf Kritik. Ihm stehen Gegebenheiten wie Klimawandel und die Endlichkeit nicht erneuerbarer Ressourcen gegenüber.[427]

Wie die divergierenden Aussagen von Ökonomen, wie sie exemplarisch im Abschnitt 1.3.2 dargestellt wurden zeigen, besteht unter den Ökonomen offensichtlich nicht einmal Einigkeit über die genauen Ursachen der Krise, geschweige denn darüber, wie die Therapie[428] aussehen könnte.

Unter diesen Voraussetzungen steht die Lehrperson im volkswirtschaftlichen Unterricht vor jungen Erwachsenen in der Klasse. Die Fachwissenschaft kann eben nicht die allgemein gültigen Musterlösungen anbieten, auf die die Lehrperson zurückgreifen könnte.

Kramer hegt seitens der Fachwissenschaft die Hoffnung, dass die Schuldenkrise zu einem Quantensprung in der Ökonomie führen wird. Er zieht die Parallele zur Weltwirtschaftskrise, in deren Folge die General Theory von Keynes hervorgebracht wurde.[429]

Ein derartiger Quantensprung der Fachwissenschaft ist aber bis dato noch nicht absehbar. Für die fachliche Bildung besteht daher Unsicherheit darin, welches Fachwissen den SchülerInnen zu vermitteln ist. Arnold sieht darin ein Prognosedefizit, wobei dieses Prognoseproblem umso größer ist, je weiter der Blick in die Zukunft geht. Durch einen möglicherweise rasanten Verlust der Aktualität des Wissens, könnte sich hier ein Obsolenzproblem im Sinne der Halbwertszeit des Wissens ergeben.[430]

---

[425] Vgl. Kramer (2012), S. 485.

[426] Vgl. Kramer (2012), S. 486.

[427] Vgl. Kramer (2012), S. 487.

[428] Vgl. Kramer (2012), S. 492.

[429] Vgl. Kramer (2012), S. 485.

[430] Vgl. Arnold (1996), S. 113f.

Die Annahmen der vorherrschenden volkswirtschaftlichen Theorieansätze, wie das Paradigma des Marktgleichgewichtes und die Wachstumshypothese, werden aus theoretischer Perspektive zunehmend brüchig. Darüber hinaus ist der Aspekt der Verantwortung für die Zukunft aus bildungspolitischer Sicht zentral. Bei der Schuldenkrise und der dabei deutlich werdenden Unsicher- und Unwissenheit der Fachwissenschaft, kann von einem Schlüsselthema im Sinne Klafkis gesprochen werden. Die Thematik sollte daher Gegenstand eines modernen Volkswirtschaftslehreunterrichts sein.[431]

Es wird hier davon ausgegangen, dass den SchülerInnen die Unsicherheit und die Unwissenheit der Disziplin, im Rahmen des Volkswirtschaftslehreunterrichts im fünften Jahrgang der Handelsakademie durchaus zugemutet werden kann und damit offen umzugehen ist.

2.5 Spezielle Herausforderung für die Lehrperson bezüglich dieses Themas

Für die Lehrpersonen besteht eine große Herausforderung bezüglich dieses Themas darin, dass es zum einen eines erheblichen Aufwandes bedarf sich in die Thematik einzuarbeiten, zum anderen ist die Verfolgung der diesbezüglich aktuellen Entwicklungen ebenfalls sehr arbeitsintensiv.

Ein entsprechende Unterstützung finden Lehrerkräfte in diversen Portalen für LehrerInnen.[432]

Die *Landeszentrale für politische Bildung Baden-Württemberg* bietet beispielsweise ein periodisches Druckwerk mit dem Titel Deutschland & Europa zum Download an. Das Heft 63 mit dem Titel *Der Euro und die Schuldenkrise in Europa* bietet eine kompakte Sammlung von Artikeln zu Thema Schuldenkrise mit inhaltlichem Europabezug an.[433]

Weiters findet sich auch sowohl didaktisch hervorragendes, als auch humorvolles Material auf Portalen für Lehrkräfte.[434]

Für den Autor der vorliegenden Arbeit stellt die Thematik der Schuldenkrise, mit all ihren Wendungen, in Summe eine spannende Herausforderung dar. Für den volkswirtschaftlichen Unterricht eröffnet das Thema die Chance, die im Lehrplan vorgesehenen Inhalte für die SchülerInnen mit Leben zu erfüllen.

---

[431] Vgl. Kögler/Müllauer (2009), S 62.

[432] Vgl. Wirtschaft und Schule (2013), [online].

[433] Vgl. Der Euro und die Schuldenkrise in Europa (2012), [online].

[434] Vgl. handelsakademie.at (2011), [online].

3. Zusammenfassung

Der Themenkomplex der Finanz-, Banken- und Schuldenkrise ist spätestens mit der Pleite der Lehman Bank im September 2008 ins Bewusstsein einer breiteren Öffentlichkeit getreten. Seither ist diese Thematik nicht mehr vollständig aus der öffentlichen Aufmerksamkeit verschwunden. Dabei wechseln einander Phasen relativer Stabilität, mit der Eskalation der Situation ab. In der vorliegenden Arbeit wird im fachlichen Teil zunächst der Versuch unternommen, den Verlauf der Krise in übersichtlicher Form darzustellen. Dabei werden sowohl die Ereignisse auf globaler, als auch auf europäischer Ebene dargestellt. In weiterer Folge werden die neoliberale und die keynesianische Sicht auf die Schuldenkrise beschrieben und einander gegenüber gestellt. Lösungsansätze zur Schuldenkrise aus der Perspektive dieser beiden ökonomischen Schulen werden miteinander verglichen. Weiters wird auf die europaspezifischen Problemstellungen, der Existenz einer einheitlichen Währung und einer asymmetrischen Wirtschaftspolitik eingegangen. Um den Zusammenhang zwischen Geld und Schulden herauszuarbeiten, wird die Schöpfung und Vernichtung von Zentralbankgeld und dem Giralgeld der Geschäftsbanken dargestellt.

Im wirtschaftspädagogischen Teil wird an die Frage heran gegangen, wie die Thematik unter Zuhilfenahme von didaktischen Modellen im volkswirtschaftlichen Unterricht des fünften Jahrganges der Handelsakademie, umgesetzt werden kann. Dabei werden auch jene relevanten Rechtsnormen erörtert, die von der Lehrperson verlangen, dass der Unterricht eine Gegenwartsbezogenheit aufweist. Als didaktische Modelle werden hierbei das Grundmodell nach Posch/Schneider/Mann, die kritisch-konstruktive Didaktik von Klafki und die konstruktivistische Didaktik heran gezogen. Die notwendige Reduktion der Komplexität des Themas für den Unterricht wird thematisiert. Der didaktische Umgang mit den beiden vorherrschenden ökonomischen Denkschulen, der neoliberalen und der keynesianischen Sichtweise, werden behandelt. Ein weiterer Unterabschnitt ist dem Umgang mit der Unwissenheit der Fachdisziplin im Unterricht gewidmet. Überlegungen zu den speziellen Herausforderungen des Themas für die Lehrperson, runden den wirtschaftspädagogischen Teil der Arbeit ab.

Literaturverzeichnis

Amtsblatt der Europäischen Gemeinschaften (2002): Konsolidierte Fassung des Vertrags zur Gründung der Europäischen Gemeinschaft (2002), URL: http://eur-lex.europa.eu/de/treaties/dat/12002E/pdf/12002E_DE.pdf [Stand: 24.03.2013].

Arbeiterkammer Wien. (2010): Vorsicht, Kostenfalle Privatkredit! URL: http://wien.arbeiterkammer.at/online/vorsicht-kostenfalle-privatkredit-53213.html?mode=711&STARTJAHR=2008 [Stand: 08.01.2013].

Arnold, Rolf (1996): Weiterbildung: Ermöglichungsdidaktische Grundlagen, ISBN 3-8006-2100-2, Verlag Franz Vahlen GmbH, München

Arslanalp, Serkan/**Tsuda**, Takahiro (2012): Tracking Global Demand for Advanced Economy Sovereign Debt, IMF Working Paper WP WP/12/284, 12/2012, URL:

http://www.imf.org/external/pubs/ft/wp/2012/wp12284.pdf [Stand: 03.02.2013].

Bagus, Philipp (2011): Die Fehlkonstruktion des Euro bedroht die Freiheit, in: Neue Züricher Zeitung vom 17.08.2011, http://www.nzz.ch/aktuell/wirtschaft/uebersicht/die-fehlkonstruktion-des-euro-bedroht-die-freiheit-1.11942037 [Stand: 08.01.2013].

Bankenverband, (2012): Die Leitzinsen der Europäischen Zentralbank, 05.07.2012, URL: http://bankenverband.de/service/statistik-service/leitzinsen/die-leitzinsen-der-europaeischen-zentralbank [Stand: 24.03.2013].

Benes, Jaromir/**Kumhof**, Michael (2012): The Chicago Plan Revisited, IMF Working Paper WP 12/202, 08/2012, URL:

http://www.imf.org/external/pubs/ft/wp/2012/wp12202.pdf [Stand: 10.11.2012].

Berger, Roland (2012): Euro war Schönwetterwährung, jetzt müssen wir ihn zu Allwetterwährung machen, in: na Presseportal vom 27.01.2012, URL:

http://www.presseportal.de/pm/6511/2188883/roland-berger-euro-war-schoenwetterwaehrung-jetzt-muessen-wir-ihn-zu-allwetterwaehrung-machen-frau [Stand: 08.01.2013].

Binswanger, Hans Christoph (2009), Die Rolle von Geld und Kapital in unserer Gesellschaft, in: Aus Politik und Zeitgeschichte, 26/2009, 22. Juni 2009, URL: www.bpb.de/system/files/pdf/QNPDYV.pdf [Stand: 27.01.2013].

Bofinger, Peter (2010): Rund um den Kredit. Eine kurze Einführung in unser monetäres System, in: Zeit online, 25.10.2010, URL:

http://www.zeit.de/2010/26/Geldschoepfung-Kredit [Stand: 01.10.2012].

Bofinger, Peter (2013): „Herr Bofinger, wie kommen wir aus der Krise?", Interview in: DAS INVESTMENT.COM, vom 28.01.2013, URL:

http://www.dasinvestment.com/investments/maerkte/news/datum/2013/01/28/herr-bofinger-wie-kommen-wir-aus-der-krise/ [Stand: 30.03.2013].

Bofinger, Peter (2013a): Ökonom warnt vor Bildern von Bank-Run aus Zypern, Peter Bofinger in: Die Welt vom 18.03.2013, URL:

http://www.welt.de/wirtschaft/article114527164/Oekonom-warnt-vor-Bildern-von-Bank-Run-aus-Zypern.html [Stand: 11.05.2013].

Breuss, Fritz (2009): 10 Jahre WWU – Erfolge, Schwächen und Herausforderungen, Monatsberichte 1/2009, WIFO, S. 61-84, Wien.

Budzinski, O./**Jasper**, J./**Michler**, A. (2013a): Gabler Verlag (Herausgeber), Gabler Wirtschaftslexikon, Stichwort: Warengeld, online im Internet, URL: http://wirtschaftslexikon.gabler.de/Archiv/15043/warengeld-v6.html

[Stand: 08.01.2013].

Budzinski, O./**Jasper**, J./**Michler**, A. (2013b): Gabler Verlag (Herausgeber), Gabler Wirtschaftslexikon, Stichwort: Zentralbankgeld, online im Internet, URL: http://wirtschaftslexikon.gabler.de/Archiv/3133/zentralbankgeld-v6.html

[Stand: 08.01.2013].

Budzinski, O./**Jasper**, J./**Michler**, A. (2013c): Gabler Verlag (Herausgeber), Gabler Wirtschaftslexikon, Stichwort: Notenbank, online im Internet, URL:

http://wirtschaftslexikon.gabler.de/Archiv/1060/notenbank-v6.html

[Stand: 12.01.2013].

Budzinski, O./**Jasper**, J./**Michler**, A. (2013d): Gabler Verlag (Herausgeber), Gabler Wirtschaftslexikon, Stichwort: Europäisches System der Zentralbanken (ESZB), online im Internet URL:

http://wirtschaftslexikon.gabler.de/Archiv/54324/europaeisches-system-der-zentralbanken-eszb-v9.html [Stand: 13.01.2013].

Budzinski, O./Jasper, J./Michler, A. (2013e): Gabler Verlag (Herausgeber), Gabler Wirtschaftslexikon, Stichwort: Mengentender, online im Internet, URL:

http://wirtschaftslexikon.gabler.de/Archiv/11214/mengentender-v5.html

[Stand: 13.01.2013].

Budzinski, O./Jasper, J./Michler, A. (2013f): Gabler Verlag (Herausgeber), Gabler Wirtschaftslexikon, Stichwort: Zinstender, online im Internet, URL:

http://wirtschaftslexikon.gabler.de/Archiv/5764/zinstender-v7.html

[Stand: 13.01.2013].

Budzinski, O./Jasper, J./Michler, A. (2013g): Gabler Verlag (Herausgeber), Gabler Wirtschaftslexikon, Stichwort: Geldpolitik, online im Internet, URL:

http://wirtschaftslexikon.gabler.de/Archiv/54312/geldpolitik-v8.html

[Stand: 13.01.2013].

Budzinski, O./Jasper, J./Michler, A./ Metzger J. (2013): Gabler Verlag (Herausgeber), Gabler Wirtschaftslexikon, Stichwort: Geld, online im Internet, URL: http://wirtschaftslexikon.gabler.de/Archiv/1597/geld-v6.html [Stand: 08.01.2013].

Budzinski, O./Jasper, J./Michler, A./ Mändle E./ Mändle M. (2013): Gabler Verlag (Herausgeber), Gabler Wirtschaftslexikon, Stichwort: Zentralbank, online im Internet, URL: http://wirtschaftslexikon.gabler.de/Archiv/849/zentralbank-v8.html

[Stand: 12.01.2013].

Bundeskanzleramt Rechtsinformationssystem (2011): Bundesgesetz die Oesterreichische Nationalbank (Nationalbankgesetz 1984 – NBG), BGBl. Nr. 50/1984 i. d. F. BGBl. I Nr. 50/2011, URL:

http://www.ris.bka.gv.at/GeltendeFassung.wxe?Abfrage=Bundesnormen&Gesetzesnummer=10004409 [Stand: 24.03.2013].

Bundeskanzleramt Rechtsinformationssystem (2013): Gesamte Rechtsvorschrift für Universitätsgesetz 2002, Fassung vom 05.03.2013 URL:

http://www.ris.bka.gv.at/GeltendeFassung.wxe?Abfrage=Bundesnormen&Gesetzesnummer=20002128 [Stand: 05.03.2012].

Bundesministerium der Justiz der BRD (2011): Bundesbankgesetz §14 Absatz 1, Satz 2, Notenausgabe, URL: http://www.gesetze-im-internet.de/bbankg/__14.html [Stand: 10.11.2012].

Bundesministerium für Unterricht, Kunst und Kultur (2004): LEHRPLAN DER HANDELSAKADEMIEN Verordnung der Bundesministerin für Bildung, Wissenschaft und Kultur, BGBl. II, Nr. 291/2004 - Ausgegeben am 19. Juli 2004, URL: http://www.abc.berufsbildendeschulen.at/upload/598_HAK%20LP%202004%20-%20Anlage%201.pdf [Stand: 10.11.2012].

Bundesministerium für Unterricht, Kunst und Kultur (2012): Lehrplan der Handelsakademie ENTWURF, 13. Juni 2012, zur Verfügung gestellt durch das Institut für Wirtschaftspädagogik der Karl-Franzens-Universität Graz.

Busch, Klaus/**Hermann**, Christoph/**Hinrichs**, Karl/**Schulten**, Thorsten (2012): Eurokrise, Austeritätspolitik und das Europäische Sozialmodell. Wie die Krisenpolitik in Südeuropa die soziale Dimension der EU bedroht, internationale Politikanalyse der Friedrich Ebert Stiftung, November 2012, URL: http://library.fes.de/pdf-files/id/ipa/09444.pdf [Stand: 20.02.2013].

Büschgen, Hans E. (1991): Bankbetriebslehre, Bankgeschäfte und Bankmanagement, 3. überarbeitete Auflage, ISBN 3-409-42073-8, Betriebswirtschaftlicher Verlag Dr. Th. Gabler GmbH, Wiesbaden.

Deutsche Bundesbank. (2012): Geld und Geldpolitik, Frankfurt am Main, URL: http://www.bundesbank.de/Redaktion/DE/Downloads/Veroeffentlichungen/Buch_Broschuere_Flyer/geld_und_geldpolitik_schuelerbuch.pdf?__blob=publicationFile [Stand: 27.05.2013].

Deutsche Bundesbank. (2013a): Mindestreserven, URL: http://www.bundesbank.de/Navigation/DE/Kerngeschaeftsfelder/Geldpolitik/Mindestreserven/mindestreserven.html [Stand: 08.01.2013].

Deutsche Bundesbank (2013b): Rechtliche Grundlagen, URL: http://www.bundesbank.de/Navigation/DE/Kerngeschaeftsfelder/Geldpolitik/Mindestreserven/Rechtliche_Grundlagen/rechtliche_grundlagen.html [Stand: 08.01.2013].

Die Presse (2012): EZB beschließt Ankauf von Anleihen der Krisenländer, URL: http://diepresse.com/home/wirtschaft/eurokrise/1287481/EZB-beschliesst-Ankauf-von-Anleihen-der-Krisenlaender [Stand: 23.02.2013].

Die Welt (2008): Hilfspaket lässt General-Motors-Aktie abheben, URL: http://www.welt.de/finanzen/article2907579/Hilfspaket-laesst-General-Motors-Aktie-abheben.html [Stand: 23.02.2013].

Duden (2013a): Schulden, URL: http://www.duden.de/rechtschreibung/schulden [Stand: 02.01.2013].

Duden (2013b): Geld, URL: http://www.duden.de/rechtschreibung/Geld#top [Stand: 08.01.2013].

Eckert, Daniel (2013): Europas Elite erklärt die Euro-Krise für beendet, in: Die Zeit vom 14.01.2013, URL: http://www.welt.de/finanzen/article112762743/Europas-Elite-erklaert-die-Euro-Krise-fuer-beendet.html [Stand: 11.02.2013].

Ernst Kaiser, Sandra (2013): Der Hunger der Athenerinnen, in: Die Standard online vom 03.03.2013, URL: http://diestandard.at/1361241413298/Der-Hunger-der-Athenerinnen [Stand: 03.03.2013].

Europäische Union (2006): Zusammenfassung der EU-Gesetzgebung, Einführung des Euro: Konvergenzkriterien, URL:

http://europa.eu/legislation_summaries/other/l25014_de.htm [Stand: 24.03.2013].

Europäische Zentralbank (2010): PROTOKOLL ÜBER DIE SATZUNG DES EUROPÄISCHEN SYSTEMS DER ZENTRALBANKEN UND DER EUROPÄISCHEN ZENTRALBANK, Artikel 16, URL: http://www.ecb.int/ecb/legal/pdf/de_statute_2.pdf [Stand: 08.01.2013]

Fehr, Benedikt (2008): Finanzkrise. Der Weg in das Milliarden-Desaster, in Frankfurter Allgemeine, 31.08.2008, URL:

http://www.faz.net/aktuell/wirtschaft/wirtschaftswissen/finanzkrise-der-weg-in-das-milliarden-desaster-1745087.html [Stand: 04.01.2013].

Feigl, Susanne (2007): Informationsblätter zum Schulrecht Teil 3: Leistungsfeststellung und Leistungsbeurteilung, URL: http://www.bmukk.gv.at/medienpool/5822/schulrecht_info_3.pdf [Stand: 01.06.2013].

Fernández-Villaverde, Jesús (2010), The econometrics of DSGE models, in: SERIEs (2010) S. 3-49, DOI 10.1007/s13209-009-0014-7, Springer Verlag, URL: http://economics.sas.upenn.edu/~jesusfv/econometricsDSGE.pdf [Stand: 27.01.2013].

focus (2013): So frisst sich die Schuldenkrise durch Europa, Aktualisiert am Montag, 25.03.2013, URL: http://www.focus.de/finanzen/news/staatsverschuldung/kampf-gegen-den-zusammenbruch-der-waehrungsunion-so-frisst-sich-die-schuldenkrise-durch-europa_aid_645382.html [Stand: 01.05.2013].

Frankfurter Allgemeine. (2011): Scheitert der Euro, scheitert Europa, URL:

http://www.faz.net/aktuell/wirtschaft/europas-schuldenkrise/generaldebatte-im-bundestag-scheitert-der-euro-scheitert-europa-11133184.html [Stand: 08.01.2013].

Frankfurter Allgemeine (2013): Heftiger Widerstand gegen Finanztransaktionssteuer, URL: http://www.faz.net/aktuell/wirtschaft/boersenhandel-heftiger-widerstand-gegen-finanztransaktionssteuer-12082202.html

[Stand: 17.02.2013].

Frankfurter Rundschau (2013): Export erreicht EU-Warnschwelle, am 21.01.2013, URL:

http://www.fr-online.de/wirtschaft/exportueberschuss-export-erreicht-eu-warnschwelle,1472780,21517834.html [Stand: 27.01.2013].

Geneva, International Labour Office (2013): Global Wage Report 2012/13: Wages and equitable growth, ISBN 978-92-2-126236-7 (print), ISBN 978-92-2-126237-4 (PDF), URL:

http://www.ilo.org/wcmsp5/groups/public/---dgreports/---dcomm/---publ/documents/publication/wcms_194843.pdf [Stand: 29.01.2013].

Graeber, David (2011): Schulden: Die ersten 5000 Jahre, 6. Auflage 2012, Verlag: Klett-Cotta, Stuttgart.

Grohmann-Steiger, Christine/**Schneider**, Wilfried/**Dobrovitz**, Ingrid (2010): Einführung in die Buchhaltung im Selbststudium, 19. Aktualisierte und ergänzte Auflage, ISBN 978-3-7089-0656-0, Band I Informationsteil, Verlag: Facultas Verlags- und Buchhandels AG, Wien.

Hagen, Johann J. (1999): Wieviel Staat braucht eine Gesellschaft?, in: Schmee, Josef/Weissel, Erwin (Hg.), Seiten 12-26, ISBN 3-85371-144-8, Promedia, Wien

Hahn, Franz R. (2003): Die neue Basler Eigenkapitalvereinbarung ("Basel II") aus makroökonomischer Sicht, In: Monatsberichte 2/2003, WIFO, S. 137-150, Wien, URL: http://www.wifo.ac.at/wwa/servlet/wwa.upload.DownloadServlet/bdoc/MB_2003_02_07_BASEL_II$.PDF [Stand: 09.01.2013].

handelsakademie.at (2011): Die Finanzkrise kurz und bündig – Video, URL: http://www.handelsakademie.at/praxis/portale/handelsakademieat/vwl/detail/die-finanzkrise-kurz-und-buendig-video.html [Stand: 09.03.2013].

Hartmann-Wendels, Thomas/**Pfingsten**, Andreas/**Weber**, Martin (2010): Bankbetriebslehre, Fünfte, überarbeitete Auflage, ISBN 978-3-642-11856-2, Springer Verlag, Berlin Heidelberg

Heldt, Cordula (2013): Gabler Verlag (Herausgeber), Gabler Wirtschaftslexikon, Stichwort: Verbriefung von Kreditportfolios, online im Internet:

http://wirtschaftslexikon.gabler.de/Archiv/16281/verbriefung-von-kreditportfolios-v9.html [Stand: 25.05.2013].

Horn, Gustav (2013): Gabler Verlag (Herausgeber), Gabler Wirtschaftslexikon, Stichwort: Abwrackprämie, online im Internet: URL:

http://wirtschaftslexikon.gabler.de/Archiv/89412/abwrackpraemie-v7.html

[Stand: 10.02.2013].

Huber, Josef (2004): Reform der Geldschöpfung, Wiederherstellung des staatlichen Geldregals und der Seigniorage durch Vollgeld, Martin-Luther-Universität Halle-Wittenberg Forschungsberichte des Instituts für Soziologie, ISSN 0945-7011, URL: http://www.soziologie.uni-halle.de/publikationen/pdf/0405.pdf [Stand: 04.01.2013].

Huber, Josef (2009): Geld regiert die Welt. Wer regiert das Geld? Neuer Finanzkapitalismus und veraltete Geldordnung, in Ästhetik & Kommunikation, Heft 144/145, 2009, 35–43. URL: http://www.soziologie.uni-halle.de/huber/docs/aeuk-wer-regiert-das-geld-23-maerz-2009.pdf [Stand: 04.01.2013].

Initiative Neue Soziale Marktwirtschaft GmbH (INSM) (2013): Wirtschaft und Schule, Das Lehrerportal der INSM. URL:

http://www.wirtschaftundschule.de/aktuelle-themen/globalisierung-europa/schuldenkrise-der-euro-laender/ [Stand: 03.03.2013].

Kaiser, Franz-Josef/**Kaminski**, Hans (1999): Methodik des Ökonomie-Unterrichts, Grundlagen eines handlungsorientierten Lernkonzepts mit Beispielen, ISBN: 978-3781509795, 3. Auflage, Klinkhardt Verlag, Bad Heilbrunn

Klafki, Wolfgang/**Braun**, Karl-Heinz (2007): Wege des pädagogischen Denkens, Ein autobiografischer und erziehungswissenschaftlicher Dialog, ISBN 978-3-497-01946-5, Ernst Reinhardt Verlag, München Basel

Kögler, Gottfried/**Müllauer**, Barbara (2009): Ökonomie ohne Volkswirtschaft?, Didaktik der Volkswirtschaftslehre – die vergessene Fachdidaktik, in: wissenplus 5-08/09, S. 61-66.

Kramer, Helmut (2012): Wirtschaftskrise und Wirtschaftswissenschaft, in: 85 JAHRE WIFO: AKTUELLE HERAUSFORDERUNGEN, Monatsberichte 6/2012, S. 485-496, Wien.

Krsnakova, Lenka/**Oberleithner**, Maria (2012): Österreichische Nationalbank, Zusammenspiel des Euro-Banknotenumlaufs und der intra-eurosystem-salden, in: Geldpolitik & Wirtschaft Q1/12, S. 75-85, URL:

http://www.oenb.at/de/img/gewi_2012_q1_schwerpunkt5_tcm14-246483.pdf   [Stand 13.01.2013].

Lagarde, Christine (2010): Transcript of interview with Christine Lagarde, Interview mit Christine Lagarde vom 15.03.2012 in der Financial Times, URL: http://www.ft.com/intl/cms/s/0/78648e1a-3019-11df-8734-00144feabdc0.html#axzz2LNGUjM6l [Stand 19.02.2013].

Landeszentrale für politische Bildung (2012): Der Euro und die Schuldenkrise in Europa, Heft 63-2012 von: DEUTSCHLAND & EUROPA, Zeitschrift für Gemeinschaftskunde, Geschichte, Deutsch, Geographie, Kunst und Wirtschaft, ISSN 1864-2942, Stuttgart, online verfügbar unter URL:

http://www.deutschlandundeuropa.de/63_12/eurokrise.pdf [Stand: 03.03.2013].

Lang, Anne-Sophie (2012): Eine Chronik der Euro-Krise, in: ZEIT ONLINE vom 06.12.2012, URL: http://www.zeit.de/wirtschaft/2011-09/chronologie-eurokrise [Stand: 01.05.2013].

Lietaer, Bernard (2010a): Who creates money?, URL:

http://www.lietaer.com/2010/09/who-creates-money/ [Stand: 09.01.2013].

Lietaer, Bernard (2010b): What are the three main effects of interest-based currencies?, URL: http://www.lietaer.com/2010/09/effects-of-interest-based-currencies/ [Stand: 22.01.2013].

Maurer, Rainer (2010): Die Verschuldungskrise der Europäischen Währungsunion – Fiskalische Disziplinlosigkeit oder Konstruktionsfehler?, in: 86 Vierteljahrshefte zur Wirtschaftsforschung – DIW Berlin | 79. Jahrgang | 04.2010, URL:

http://ejournals.duncker-humblot.de/doi/pdf/10.3790/vjh.79.4.85 [Stand: 02.02.2013].

Metzger, J. (2013): Gabler Verlag (Herausgeber), Gabler Wirtschaftslexikon, Stichwort: Bankleitzahl, online im Internet, URL:

http://wirtschaftslexikon.gabler.de/Archiv/150/bankleitzahl-v5.html [Stand:08.01.2013].

Metzger, J./**Budzinski**, O./**Jasper**, J./**Michler**, A./**Hummel**, D. (2013a): Gabler Verlag (Herausgeber), Gabler Wirtschaftslexikon, Stichwort: Kurantmünzen, online im Internet, URL: http://wirtschaftslexikon.gabler.de/Archiv/12508/kurantmuenzen-v8.html [Stand:08.01.2013].

Metzger, J./**Budzinski**, O./**Jasper**, J./**Michler**, A./**Hummel**, D. (2013b): Gabler Verlag (Herausgeber), Gabler Wirtschaftslexikon, Stichwort: Scheidemünzen, online im Internet, URL: http://wirtschaftslexikon.gabler.de/Archiv/11761/scheidemuenzen-v7.html [Stand:08.01.2013].

Mühl, Melanie (2012): Eine Gesellschaft stürzt ins Bodenlose. in: Frankfurter Allgemeine Zeitung, 15. 12.2012, URL:

http://www.faz.net/aktuell/feuilleton/debatten/krise-in-griechenland-eine-gesellschaft-stuerzt-ins-bodenlose-11992352.html [Stand: 28.12.2012].

Müller, Henrik (2012): Der Euro, die vernachlässigte Währung, in Manager Magazin online vom 21.09.2012, URL:

http://www.manager-magazin.de/politik/weltwirtschaft/0,2828,857302,00.html [Stand: 08-01.2013].

Neubert, Andreas (2001): Unterlagen zur Übung Theorien und Modelle der Didaktik, Technische Universität Chemnitz, Sommersemester 2001, URL: http://www-user.tu-chemnitz.de/~nean/Alte%20Unterlagen%202001/T&M-Zusammenfassung.pdf [Stand: 21.02.2013].

Neue Züricher Zeitung (2008): JP Morgan Chase übernimmt Bear Stearns, am 17. März 2008, URL: http://www.nzz.ch/aktuell/wirtschaft/uebersicht/jp-morgan-chase-bear-stearns-1.690523 [Stand: 03.02.2013].

Nixon, Richard (1971): Die Original Fernsehansprache mit der Ankündigung der temporären Aufhebung der Konvertibilität des US-Dollars in Gold vom 15. August 1971, URL: http://www.youtube.com/watch?v=iRzr1QU6K1o [Stand: 08.01.2013].

Österreichische Nationalbank (2012): ÖNB Geschäftsbericht 2011, mit Wissensbilanz und Umwelterklärung, Nachhaltigkeitsbericht 2011, Wien,

URL: http://www.oenb.at/de/img/gb_2011_tcm14-247590.pdf [Stand 13.01.2013].

Österreichische Nationalbank (2013): Der Weg zu Basel III, URL: http://www.oenb.at/de/finanzm_stab/baseliii/der_weg_zu_basel_iii.jsp [Stand: 09.01.2013].

Ötsch, Walter (2007): Wie moralisch ist der Markt? Moralität und Amoralität im neoliberalen Diskurs", in: **Perzi**, Niklas/**Pfisterer**, Eva/**Wurz**, Ernst (Hg.): Werte – aber welche. LIT-Verlag, URL:

http://www.sozialekompetenz.org/oetsch/publikationen/moral2.pdf [Stand: 10.11.2012].

Pirker, Reinhard (1999): Die Ökonomisierung des öffentlichen Diskurses oder woher kommt die neoliberale Rhetorik?, in: Josef/Weissel, Erwin (Hg.), Seiten 27-37, ISBN 3-85371-144-8, Promedia, Wien

Pohlkamp, Elli-Katharina (2013): Griechenland in der Krise, in: SWP-Zeitschriftenschau 1/Januar 2013, Stiftung Wissenschaft und Politik Deutsches Institut für Internationale Politik und Sicherheit, URL:

http://www.swp-berlin.org/fileadmin/contents/products/zeitschriftenschau/2013zs01_pyp.pdf [Stand: 02.02.2013].

Redak, Vanessa/**Tscherteu**, Alexander (2003): Basel II, Prozyklizität und Kreditentwicklung - erste Schlussfolgerungen aus der QIS 3, S. 64-79, in: Finanzmarktstabilitätsbericht 5, herausgegeben von der Österreichischen Nationalbank, Oesterreichische Nationalbank, Dokumentationsmanagement und Kommunikationsservice, Wien URL: http://www.oenb.at/de/img/fms_05_tcm14-8068.pdf [Stand: 13.01.2013].

Rebmann, Karin/**Tenfelde**, Walter/**Uhe**, Ernst (2005): Berufs- und Wirtschaftspädagogik, Eine Einführung in Strukturbegriffe, 3. Auflage, ISBN 3-409-42302-8, Gabler Verlag, Wiesbaden

Reich, Kersten (2004): Wahrheits- und Begründungsprobleme konstruktivistischer Didaktik, URL:

http://www.uni-koeln.de/hf/konstrukt/reich_works/aufsatze/reich_46.pdf [Stand: 19.02.2013].

Reich, Kersten (2005): Konstruktivistische Didaktik, in: Schulmagazin 5 bis 10, 3/2005. URL: http://www.uni-koeln.de/hf/konstrukt/reich_works/aufsatze/reich_48.pdf [Stand: 16.02.2013].

Riedl, Alfred (2004): Grundlagen der Didaktik, ISBN 3-515-8589-0, Franz Steiner Verlag, Stuttgart.

Rettberg, Udo (2003): Buffett sieht Derivate als „Finanzielle Massenvernichtungswaffen" Terminbörsen wehren sich, in: Handelsblatt vom 17. März 2003, URL: http://www.handelsblatt.com/archiv/buffett-sieht-derivate-als-finanzielle-massenvernichtungswaffen-terminboersen-wehren-sich/2233374.html [Stand: 20.04.2013].

Ruckriegel, Karlheinz/**Schleicher**, Bettina/**Seitz**, Franz (2000): Die Rolle der Mindestreserve im Eurosystem, S. 314-320, in: Wirtschaftsdienst 2000/V, Herausgeber: Hamburgisches Welt-Wirtschafts-Archiv, URL:

https://docs.google.com/viewer?a=v&q=cache:UvB5b686HRIJ:www.wirtschaftsdienst.eu/do wnloads/getfile.php%3Fid%3D351%26PHPSESSID%3D+&hl=de&gl=at&pid=bl&srcid=AD GEESibD-Hh3u_8NQccP7Lq-YTnva0fRX69YK5TOvdBwDiUvx-ntoyKl5Dk7KSwZKfOxlqyW_tx9Mywt7JPgzUVtlrtCS9M29WQqOlh2jmpFDgzbzWuagzC RNDrqbVo9sjUz29P0RL8&sig=AHIEtbSqaOj7tamxVCj2ppHWVXCpoRE22w [Stand: 13.01.2013]

Schmee, Josef/**Weissel**, Erwin (1999): Die Armut des Habens: wider den feigen Rückzug vor dem Neoliberalismus, Schmee, Josef/Weissel, Erwin (Hg.), Einleitung Seite 7-9, ISBN 3-85371-144-8, Promedia, Wien

Schmitz, Klaus (1977): Allgemeine Didaktik eine Einführung, ISBN 3-17-004447-8, Kohlhammer Urban Taschenbücher, Berlin, Köln, Mainz

Schnaas, Dieter (2010): Die schwarze Messe der Geldschöpfung, in Wirtschaftswoche, 07.10.2010, URL: http://www.wiwo.de/finanzen/geld-die-schwarze-messe-der-geldschoepfung/5232704.html [Stand: 27.12.2012].

Schratz, Michael/**Weiser**, Bernhard (2002): Dimensionen für die Entwicklung der Qualität von Unterricht, Universität Innsbruck, Institut für LehrerInnenbildung und Schulforschung, URL:

http://www.uibk.ac.at/ils/publikationen/qualitaetsdimensionen.pdf

[Stand: 05.03.2012].

Schui, Herbert/**Blankenburg**, Stephanie (2002): Neoliberalismus: Theorie, Gegner, Praxis, ISBN 3-87975-854-9, VSA-Verlag, Hamburg

Schulmeister, Stephan (2009): Geld als Mittel zum (Selbst)Zweck, (Zum Gegensatz zwischen Realwirtschaft und Finanzwirtschaft/Spekulation), in: WIRTSCHAFTS- UND SOZIALGEOGRAPHIE WIRTSCHAFTSINFORMATIONEN, Wissenschaftliche Nachrichten Nr. 136 März/April 2009, URL: http://www.eduhi.at/dl/wn136_09.pdf [Stand: 20.04.2013]

Schulmeister, Stephan (2010): Mitten in der großen Krise. Ein „New Deal" für Europa, Band 7, ISBN: 978-3-85452-586-8, Herausgegeben von der Kulturabteilung der Stadt Wien, Vortrag im Wiener Rathaus am 22.04.2010, Picus Verlag, Wien

Schulten, Thorsten (2010): Deutschlands lohnpolitische Sonderrolle in Europa, Präsentation anlässlich der Tarifpolitische Tagung 2010, Düsseldorf vom 21. Bis 22.09. 2010. Wirtschafts- und Sozialwissenschaftliches Institut (WSI), Hans Böckler Stiftung, URL: http://www.boeckler.de/pdf/v_2010_9_21_schulten.pdf

[Stand: 19.02.2013]

Senf, Bernd (2009): Der Nebel um das Geld, Zinsproblematik, Währungssysteme, Wirtschaftskrisen. Ein Aufklärungsbuch, 10. Auflage, Gauke Verlag, Kiel.

Silvers, Damon (2008): The Berkeley Journal of Employment and Labor Law presents the Second Annual David E. Feller Memorial Labor Law Lecture: „How a Low Wage Economy with Weak Labor Laws Brought Us the Mortgage Credit Crisis"; Featuring Damon Silvers, Associate General Counsel for the AFL-CIO, am: 02.04.2008, URL: http://www.irle.berkeley.edu/events/spring08/feller/ [Stand: 24.03.2013].

Skidelsky, Robert (2010): Die Rückkehr des Meisters, Keynes für das 21. Jahrhundert; Aus dem Englischen von Thomas Pfeiffer und Ursel Schäfer, ISBN 978-3-88897-647-6, Verlag Antje Kunstmann GmbH, München.

Spahn, Heinz-Peter (2006): Geldpolitik, Finanzmärkte, neue Makroökonomie und zinspolitische Strategien, ISBN: 3 8006 3199 7, Franz Vahlen Verlag, München

Statista GmbH (2013a): Japan: Staatsverschuldung von 2003 bis 2013 in Relation zum Bruttoinlandsprodukt (BIP), Hamburg, URL:

http://de.statista.com/statistik/daten/studie/152666/umfrage/staatsverschuldung-japans-in-relation-zum-bruttoinlandsprodukt-bip/ [Stand: 03.02.2013].

Statista GmbH (2013b): USA: Staatsverschuldung von 2003 bis 2013 in Relation zum Bruttoinlandsprodukt (BIP), Hamburg, URL:

http://de.statista.com/statistik/daten/studie/165786/umfrage/staatsverschuldung-der-usa-in-relation-zum-bruttoinlandsprodukt-bip/ [Stand: 03.02.2013].

Statista GmbH (2013c): Griechenland: Staatsverschuldung von 2003 bis 2013 in Relation zum Bruttoinlandsprodukt (BIP), Hamburg, URL:

http://de.statista.com/statistik/daten/studie/167463/umfrage/staatsverschuldung-von-griechenland-in-relation-zum-bruttoinlandsprodukt-bip/ [Stand: 03.02.2013].

Statista GmbH (2013d): Österreich: Staatsverschuldung von 2003 bis 2013 in Relation zum Bruttoinlandsprodukt (BIP), Hamburg, URL:

http://de.statista.com/statistik/daten/studie/217614/umfrage/staatsverschuldung-von-oesterreich-in-relation-zum-bruttoinlandsprodukt-bip/ [Stand: 03.02.2013].

Statista GmbH (2013e): Großbritannien: Staatsverschuldung von 2003 bis 2013 in Relation zum Bruttoinlandsprodukt (BIP), Hamburg, URL:

http://de.statista.com/statistik/daten/studie/167313/umfrage/staatsverschuldung-von-grossbritannien-in-relation-zum-bruttoinlandsprodukt-bip/ [Stand: 03.02.2013].

Steinberg, Philipp/**Somnitz**, Caroline (2012): Wege zu einer stärkeren Trennung von Investment- und Geschäftsbanking, in: Wirtschaftsdienst Zeitschrift für Wirtschaftspolitik, 92. Jahrgang, Heft 6, Juni 2012, URL:

http://www.wirtschaftsdienst.eu/archiv/jahr/2012/6/2797/#footnote-29791-1

[Stand: 21.04.2013].

Stock, Michaela (2010): Wirtschaftspädagogik ab dem Studienjahr 2010/11; Skriptum zur Vorlesung Wirtschaftspädagogik, ÖH Servicecenter, Graz

Storbeck, Olaf (2012): Vollgeld IWF-Forscher wollen Bankgeschäfte radikal einschränken, Zeit Online vom 20.08.2012, URL: http://www.zeit.de/wirtschaft/2012-08/vollgeld-banken-geldschoepfung [Stand: 14.04.2013].

Sustala, Lukas/ **Szalai**, Georg (2008): Börsen-Absturz nach US-Bankenpleite, Der Standard, Printausgabe vom 16.09.2008, online 15.09.2008, URL:

http://derstandard.at/1220458173915 [Stand: 27.01.2013].

Thommen, Jean-Paul (2013): Gabler Verlag (Herausgeber), Gabler Wirtschaftslexikon, Stichwort: Viabilität, online im Internet:

http://wirtschaftslexikon.gabler.de/Archiv/1233/viabilitaet-v6.html [Stand: 16.02.2013].

Tichy, Gunther (2011): Die Staatsschuldenkrise: Ursachen und Folgen, in: WIFO Monatsberichte 12/2011, S. 797-810.

Uchatius, Wolfgang (2012): EURO-KRISE, Sie haben die Schulden – wir den Profit, Zeit Online, 12. Oktober 2012, URL: http://www.zeit.de/2012/41/Europa-Krise-Schulden [Stand: 10.11.2012].

VERORDNUNG (EG) Nr. 974/98 DES RATES vom 3. Mai 1998 über die Einführung des Euro (1998): (ABl. L 139 vom 11.5.1998, S. 1), EUR-Lex, URL: http://eur-lex.europa.eu/LexUriServ/LexUriServ.do?uri=CONSLEG:1998R0974:20110101:DE:PDF [Stand: 08.01.2013].

Volkswagenbank (2012): Lassen Sie Ihr Geld für sich arbeiten, URL: https://www.volkswagenbank.de/de/geschaeftskunden/produkte/geldanlage/festgeld_business.html [Stand: 28.12.2012].

Weidmann, Jens (2012), Vertrauen - Voraussetzung und Erfolg einer stabilen Währung, Rede bei der Jahrestagung des Markenverbandes Berlin am 27. September 2012, URL:

http://www.bundesbank.de/Redaktion/DE/Reden/2012/2012_09_27_weidmann_markenverband.html [Stand: 13.01.2013].

Weissel, Erwin (1999): Der Neoliberalismus als Opium fürs Volk, in: Schmee, Josef/Weissel, Erwin (Hg.), Seiten 66-79, ISBN 3-85371-144-8, Promedia, Wien

Wohltmann, Hans-Werner (2013): Gabler Verlag (Herausgeber), Gabler Wirtschaftslexikon, Stichwort: Neutralität des Geldes, online im Internet, URL: http://wirtschaftslexikon.gabler.de/Archiv/71533/neutralitaet-des-geldes-v4.html [Stand: 08.01.2013]

Zilian, Hans Georg (1999): Unwiderstehliche Angebote, in: Schmee, Josef/Weissel, Erwin (Hg.), Seiten 38-51, ISBN 3-85371-144-8, Promedia, Wien

Zürcher, Boris (2011): Exportweltmeister Deutschland mit Rückenwind, in: Ökonomenstimme, 27.03.2012, URL: http://www.oekonomenstimme.org/artikel/2012/03/exportweltmeister-deutschland-mit-rueckenwind/ [Stand: 27.01.2013]

Anhang:

Ergänzung zu Kapitel „1.2.2 Die keynesianische Sicht auf die Schuldenkrise“. Hier die detailliertere Darstellung der Lösungsansätze, wie sie von Schulmeister vorgeschlagen werden:

Schulmeister fordert einen New Deal für Europa.[435] Laut seinen Vorstellungen soll sich dieser aus folgenden Komponenten zusammensetzen:

Durch eine stabile und wachstumsorientierte Geldpolitik sollen realwirtschaftliche Aktivitäten gestärkt und kurzfristige Finanzinvestitionen eingeschränkt werden. Dabei sollen die Leitzinsen so festgelegt werden, dass sichergestellt wird, dass die für die Unternehmen relevanten Kreditzinsen um ein bis zwei Prozent unter der realen Wachstumsrate liegen. Unternehmen sollen durch die Zinspolitik bei ihren Realinvestitionen gefördert werden. Um zu verhindern, dass die effektiven Kreditzinsen der Banken in Krisenzeiten viel höher als in Normalzeiten werden (Risikoprämie), sollten Staat und Zentralbank hier die Ausfallshaftung für makroökonomisch wichtige Projekte übernehmen. Weiters sollte das durchschnittliche effektive Kreditzinsniveau der Banken festgelegt werden. Die Staatshaushalte im Euroraum sollten in Krisenzeiten direkt über die EZB finanziert werden. Mit Venture Capital Banks als Public Private Partnerships sollen innovative und, deswegen riskante, Projekte finanziert werden.[436]

✓ Die Eindämmung der Finanzalchemie von Banken, Hedge Funds und Brokern. Der Finanzsektor ist für das Funktionieren einer Marktwirtschaft dann von fundamentaler Bedeutung, wenn er der Sicherung des Vermögens der SparerInnen durch Veranlagung in der Realwirtschaft dient und so realwirtschaftliche Aktivitäten fördert. Schulmeister stellt, um dies zu erreichen die Forderung auf, dass alle Finanztransaktionen über zentrale elektronische Handelssysteme abgewickelt werden, um außerbörslichen Handel zu unterbinden. Dies würde es der Finanzmarktaufsicht erleichtern ihre Kontrollfunktion zu erfüllen. Weiters fordert er die Evaluation der Geschäfte der Investmentbanken. Je nach dem Ergebnis dieser Evaluation sind diese Geschäfte zu beschränken, oder zu verbieten. Zusätzlich sei eine Beschränkung oder ein Verbot von Geschäften auf den Rohstoffderivatmärkten für jene Marktteilnehmer zu überlegen, die keinen realwirtschaftlichen Bezug zu diesen Rohstoffmärkten haben. Außerdem sollte für das

---

[435] Vgl. Schulmeister (2010), S. 76ff.
[436] Vgl. Schulmeister (2010), S. 95ff.

Publikum hochriskantes Trading, via Seminare transparent gemacht und so die Finanzspekulation durch Amateure eingeschränkt werden.[437]

✓ Die Einführung einer generellen Finanztransaktionssteuer. Auch um die prekäre Lage der Staatsfinanzen in EU-Ländern zu entspannen, setzt sich Schulmeister für die Einführung einer Finanztransaktionssteuer ein. Diese solle im Ausmaß zwischen 0,01 und 0,1 Prozent angesetzt werden (eine derartige Finanztransaktionssteuer wird nunmehr voraussichtlich in der vorgeschlagenen Höhe, von elf Mitgliedsländern der EU umgesetzt werden[438]). Da sich in der europäischen Zeitzone, neben Frankfurt und London keine konkurrierenden Finanzplätze befinden, sei ein Alleingang der EU möglich.[439]

✓ Die Neugestaltung der steuerlichen Rahmenbedingungen. Es gilt das Steuersystem in der EU zu harmonisieren, um einerseits den Integrationsprozess voran zu treiben und um andererseits einen Steuersenkungswettbewerb zu verhindern. Ziel der Neugestaltung der steuerlichen Rahmenbedingungen sollte es auch sein, den Verbrauch von nicht erneuerbaren Ressourcen, durch dessen stärkere Besteuerung zu verringern. Inhalt dieser steuerlichen Harmonisierung sollten sein:[440]

✓ Eine höhere Besteuerung von Erträgen aus Finanzvermögen, in Relation zu Gewinnen aus der Bildung von Realkapital und unternehmerischer Tätigkeit.

✓ Die Besteuerung bzw. die höhere Besteuerung von Spekulationsgewinnen. Dies sollte insbesondere für Gewinne, die mit Derivaten erzielt wurden gelten.

✓ Bei der Gestaltung der Steuern und Abgaben für Verkehrsleistungen, sollten sämtliche Sozial- und Umweltkosten berücksichtigt werden.

✓ Die einheitliche Besteuerung des Verbrauchs von nicht erneuerbaren Ressourcen, und dabei vor allem von nicht erneuerbaren Energien. Im Gegenzug soll gleichzeitig die Arbeit steuerlich entlastet werden.

✓ Die Einführung von neuen Arbeitszeitmodellen (mit speziellen Arbeitszeitmodellen für Konjunktureinbrüche) bzw. neue Lebensarbeitszeitmodelle. Um den technischen Fortschritt und den sozialen Zusammenhalt nachhaltig zu integrieren, bedarf es laut Schulmeister nach neuen, flexiblen Arbeitszeitmodellen, welche die Lebensarbeitszeit

---

[437] Vgl. Schulmeister (2010), S. 99ff.

[438] Vgl. Frankfurter Allgemeine (2013), Heftiger Widerstand gegen Finanztransaktionssteuer, [online].

[439] Vgl. Schulmeister (2010), S. 104ff.

[440] Vgl. Schulmeister (2010), S. 106f.

insgesamt senken. Diese Reduktion der Lebensarbeitszeit sei aus folgenden Gründen notwendig:[441]

✓ Um die Sockelarbeitslosigkeit unter Kontrolle zu halten, würde es in den Industrieländern eines langfristigen jährlichen Wirtschaftswachstums von mindestens drei Prozent bedürfen, wenn man annimmt, dass sich die Stundenproduktivität um zwei Prozent per anno erhöht.

✓ Es sei davon auszugehen, dass eine derartige Wachstumsdynamik die ökologischen Kapazitäten des Planeten überfordern würde. Dies gilt umso mehr, wenn die 85% der Menschheit, die außerhalb der entwickelten Industrieländer leben, ökonomisch zu den Industrieländern aufschließen möchten.

✓ Um den weniger entwickelten Ländern einen Aufholprozess, unter den gegebenen Restriktionen zu ermöglichen, schlägt Schulmeister vor, dass die entwickelten Industrieländer den quantitativen wirtschaftlichen Status Quo erhalten. Voraussetzung dafür sei aber, dass Ungleichheit in der Verteilung von Einkommen und Lebenschancen verringert wird. In den Industrieländern bestünde der Gewinn darin, dass durch den technischen Fortschritt die Lebensfreizeit erhöht wird.

✓ Die reduzierte Lebensarbeitszeit sollte dafür genützt werden, Zeiten der Ausbildung, Arbeits- und Freizeit stärker zu durchmischen.

✓ Die Verbesserung der Infrastruktur in Europa. Um Wachstumsimpulse zu setzen, sollte der Rückstau an Investitionen in die öffentliche Infrastruktur angegangen werden. Dies würde die Ausweitung der Beschäftigung ermöglichen.[442]

✓ Die Umgestaltung zu einer ökosozialen Marktwirtschaft:[443]

✓ Die Entwicklung und Anschaffung umweltfreundlicher Autos. Dabei geht es im Sinne ökologischer Nachhaltigkeit um die Verringerung des Verbrauches an fossilen Treibstoffen und um die Reduktion des Ausstoßes an CO_2 bzw. um die Entwicklung umweltfreundlicher Antriebe für Fahrzeuge. Einerseits sollen entsprechende Aufwendungen für die Forschung und Entwicklung entsprechender Technologien staatlicherseits entsprechend gefördert werden, und durch Staatshaftungen für günstige Finanzierungen der notwendigen Investitionen gesorgt werden. Auf der Einnahmenseite

---

[441] Vgl. Schulmeister (2010), S. 108ff.

[442] Vgl. Schulmeister (2010), S. 119f.

[443] Vgl. Schulmeister (2010), S. 120f.

sollten Fahrzeuge mit hohem CO_2 Ausstoß zusätzlich besteuert werden. Statt Abwrackprämien sollen entsprechende Neuwagen finanziell begünstigt werden.[444]

✓ Eine teilweise Ent-Ökonomisierung des Bildungssystems. Aufgrund des Umstandes, dass junge AbsolventInnen von Studien sich zusehends Schwierigkeiten betreffend ihrer Integration in den Arbeitsmarkt gegenüber sehen, plädiert Schulmeister für das Humbold'sche Bildungsideal. Um dies umsetzen zu können müssen auf eine möglichst effiziente Weise an den Universitäten höhere Kapazitäten für die Lehre geschaffen werden. Dabei sollten auch organisatorische Möglichkeiten ausgeschöpft werden.[445]

✓ Die Schaffung einer Mindestsicherung durch die EU. Hartnäckige Krisen gefährden den sozialen Zusammenhalt innerhalb der EU, da die Betroffenheit regional unterschiedlich ist. Daraus ergibt sich ein Nährboden für Rechtspopulistische Bewegungen. Um dem entgegen zu treten, aber auch um das Image der EU in der europäischen Bevölkerung zu verbessern, empfiehlt Schulmeister die Idee einer Mindestsicherung. Die EU sollte länderspezifische Mindeststandards definieren. Kann ein Mitgliedsland diese Sozialleistung nicht tragen, soll die EU die Differenz finanzieren. Im Rahmen des New Deal hat Roosevelt in der Weltwirtschaftskrise ebenfalls eine solche Mindestsicherung für arbeitslose Menschen eingeführt.[446]

Ähnliche Maßnahmen erachtet Schulmeister als notwendige Erneuerungen der wirtschaftlichen Rahmenbedingungen für die globale Ebene:[447]

✓ Die Doppelrolle des Dollar als nationale Währung bei gleichzeitiger Funktion als (Ersatz-) Weltwährung, in der alle Rohstoffe abgerechnet werden und die meisten internationalen Schulden dotieren, ist insofern als problematisch zu sehen, als der Dollar stark schwankt und insofern die Anforderung an eine solche Weltwährung, hinsichtlich Stabilität nicht erfüllt. Schulmeister leitet daraus die Notwendigkeit nach einer Erneuerung des Weltwährungssystems ab.[448] Senf sieht dies ähnlich, wenn er meint, dass wenn der Dollar seine Funktion als nationale Währung hinsichtlich Preisstabilität gut erfüllt, er seine andere Funktion als Leitwährung insofern vernachlässigt, als dass er nicht für

---

[444] Vgl. Schulmeister (2010), S .121.

[445] Vgl. Schulmeister (2010), S. 122f.

[446] Vgl. Schulmeister (2010), S. 123f.

[447] Vgl. Schulmeister (2010), S. 83ff.

[448] Vgl. Schulmeister (2010), S. 84.

ausreichende internationale Liquidität sorgt.[449] Keynes Plan für die Neuordnung der Währungen im Rahmen der Konferenz von Bretton Woods, sah die Einführung eines Bankgeldes mit dem Namen *bancor* vor, zu dem die einzelnen Währungen in einem festen, aber anpassbaren Verhältnis stehen sollten. Der bancor wiederum, sollte in Gold fixiert sein.[450]

✓ Um große Schwankungen der Rohstoffpreise und der Realzinsen für internationale Schulden zu stabilisieren, sollen diese nicht mehr in Dollar, sondern in einem Bündel der vier wichtigsten Währungen notieren.[451]

✓ Da es sich bei Erdöl um eine nicht erneuerbare Ressource handelt, deren Verbrauch den größten Teil der Umweltkosten verursacht, sollte der Preis dieses Gutes schneller steigen als das allgemeine Preisniveau. Auch sollten starke Schwankungen des Erdölpreises vermieden werden, um Planungen zum Zweck wohlfahrtsökonomischer Optimierungen von Produktion und Verbrauch, bzw. für Investitionen in Energiesparmaßnahmen und erneuerbare Energieformen, zu ermöglichen. Dies könnte durch langfristige internationale Abkommen über den Erdölpreis erreicht werden.[452]

✓ Die Einführung einer generellen Finanztransaktionssteuer (beispielsweise mit einem Steuersatz von 0,05) würde das schnelle und desstabilisierende Trading (z. B. mit Derivaten) spezifisch verteuern, hingegen langfristige Investitionen oder Absicherungen nicht spürbar belasten.[453]

✓ Mit der Erneuerung des Konzeptes eines Marshallplans für die Emerging Market Economies, könnten niedrig verzinste und langfristig rückzahlbare Finanzmittel für die Verbesserung von Umweltbedingungen für weniger entwickelte Weltregionen bereitgestellt werden. Dies würde auch die Wirtschaft in den Industrieländern nachhaltig stimulieren.[454]

✓ Im Sinne eines langfristigen weltwirtschaftlichen Konvergenzprozesses, empfiehlt Schulmeister die schrittweise Harmonisierung der sozialen und ökologischen Standards für den Konsum und die Produktion in den verschiedenen Ländern. Dabei seien die

---

[449] Vgl. Senf (2009), S. 204f.

[450] Vgl. Skidelsky (2010), S. 263.

[451] Vgl. Schulmeister (2010), S. 85.

[452] Vgl. Schulmeister (2010), S. 86f.

[453] Vgl. Schulmeister (2010), S. 89.

[454] Vgl. Schulmeister (2010), S. 90.

Länder mit den niedrigsten Standards, langsam an jene mit den höchsten Standards heranzuführen. Dies wäre gleichzeitig auch ein Sustainable Development des Systems Welt.[455]

Ergänzung zu Kapitel „1.3.1.1 Juristische und wirtschaftswissenschaftliche Definitionen für Geld":

Rechtliche Bestimmungen für die Eurobanknoten:

Für Eurobanknoten haben folgende rechtliche Bestimmungen Gültigkeit: „Die EZB und die Zentralbanken der teilnehmenden Mitgliedstaaten setzen mit Wirkung vom jeweiligen Termin der Bargeldumstellung auf Euro lautende Banknoten in den teilnehmenden Mitgliedstaaten in Umlauf. Unbeschadet des Artikels 15 haben diese auf Euro lautenden Banknoten als Einzige in den teilnehmenden Mitgliedstaaten die Eigenschaft eines gesetzlichen Zahlungsmittels".[456] Genannter Artikel 15 bezieht sich nur auf die Umtauschfristen von nationalen Banknoten auf Euro Banknoten in den, an der Währungsunion teilnehmenden, Mitgliedsstaaten der EU.[457] In der deutschen Rechtsordnung findet sich dazu folgende Bestimmung: „Auf Euro lautende Banknoten sind das einzige unbeschränkte gesetzliche Zahlungsmittel".[458,459] Laut Österreichischer Rechtsvorschriften sind auf Euro lautende Banknoten gesetzliche Zahlungsmittel.[460] Eine weitere Rechtsquelle dazu ist die Satzung des Europäischen Systems der Zentralbanken.[461]

Gegenüberstellung Banking-Lehre und Currency-Lehre:

Der Ansatz des fraktionalen Reservesystems, wo die Geschäftsbanken also nicht 100 Prozent der Sichteinlagen in Form von Zentralbankgeld als Absicherung vorhalten müssen, entspricht der sogenannten Banking-Lehre (unter anderem vertreten von Friedrich von Hayek). Dem

---

[455] Vgl. Schulmeister (2010), S. 92.

[456] VERORDNUNG (EG) Nr. 974/98 DES RATES vom 3. Mai 1998 über die Einführung des Euro, Artikel 10 [online].

[457] Siehe VERORDNUNG (EG) Nr. 974/98 DES RATES vom 3. Mai 1998 über die Einführung des Euro, Artikel 15 [online].

[458] Bundesbankgesetz,§ 14, Absatz 1, Satz 2.

[459] Vgl. Deutsche Bundesbank (2012), S. 22 [online].

[460] Vgl. Bundesgesetz über die Oesterreichische Nationalbank, Fassung vom 26.12.2012, §61 Abs. 1

[461] Vgl. PROTOKOLL ÜBER DIE SATZUNG DES EUROPÄISCHEN SYSTEMS DER ZENTRALBANKEN UND DER EUROPÄISCHEN ZENTRALBANK, Artikel 16 (2010) [online].

gegenüber steht der 100%-Ansatz, der die Giralgeldschöpfung durch Geschäftsbanken und das fraktionale Reservesystem insofern ausschaltet, als jedes unbare Kontoguthaben der KundInnen durch 100% Bargeld (bzw. Zentralbankgeld) gedeckt sein muss. Der 100%-Ansatz steht in der Tradition der, von Friedrich Knapp (1905) begründeten, Currency-Lehre.[462]

Ergänzung zu Kapitel „1.3.1.2 Zentralbankgeld: Schöpfung und Vernichtung – Geldpolitik":

Erläuterung zu Scheidemünzen:

Sonderform der Bargeldschöpfung – staatliches Münzregal:

Die Euromünzen werden nicht durch die Notenbanken bereitgestellt sondern von den Regierungen der Eurostaaten. Diese verkaufen die Münzen an die jeweilige Zentralbank, welche sie dann in Umlauf bringt. Der Gewinn aus dem Münzregal[463] verbleibt bei der jeweiligen Regierung.[464] Dieser Geldschöpfungsgewinn wird Seigniorage genannt.[465] Bei Münzen war dafür auch der Begriff Schlagschatz gebräuchlich.[466] In Relation zu den gesamten Staatseinnahmen ist die Bedeutung des Schlagsatzes quantitativ relativ gering.[467]

Ergänzungen zu Kapitel „1.3.1.3 Giralgeldschöpfung durch die Geschäftsbanken im Rahmen der Kreditvergabe":

In der unten stehenden Abbildung wird eine Bankbilanz schematisch und stark vereinfacht als T-Konto dargestellt. Beim Umlaufvermögen werden die Positionen Kassa (Vorrat an gesetzlichen Zahlungsmitteln), Guthaben bei der Zentralbank (die Bankleitzahl ist die Kontonummer der betreffenden Geschäftsbank bei der Zentralbank[468,469]) und Forderungen

---

[462] Vgl. Huber (2004), S. 11 [online].

[463] Vgl. Büschgen (1991), S. 184.

[464] Vgl. Deutsche Bundesbank (2012), S. 23 [online].

[465] Vgl. Huber (2004), S. 5 [online].

[466] Vgl. Deutsche Bundesbank (2012), S. 23 [online].

[467] Vgl. Deutsche Bundesbank (2012), S. 23 [online].

[468] Vgl. Metzger (2013) [online].

[469] Vgl. Huber (2004), S. 6 [online].

aus Kreditgeschäften (dies betrifft das Kerngeschäft der Geschäftsbank und ist als Position im Umlaufvermögen daher relativ prominent) dargestellt.

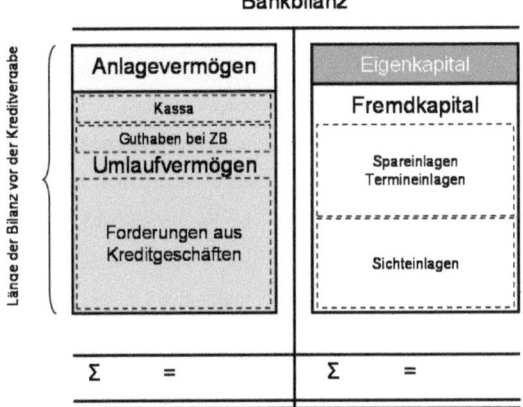

Abbildung 9: schematisierte Darstellung einer Bankbilanz als T-Konto[470]

Erläuterung der explizit dargestellten Bilanzpositionen:

Anlagevermögen: Dieses setzt sich, wie bei anderen Unternehmen, aus Positionen wie Betriebsgebäuden, Geschäftsausstattungen, Wertpapieren des Anlagevermögens und einigen mehr zusammen.

Beim Umlaufvermögen werden exemplarisch die Positionen *Kassa*, *Guthaben bei der Zentralbank* und *Forderungen aus Kreditgeschäften* dargestellt. Die Summe dieser beiden Positionen bezeichnet die Barreserve einer Geschäftsbank.[471] Dabei handelt es sich bei den Positionen *Kassa* und *Guthaben bei der Zentralbank* um Zentralbankgeld.[472,473] Diese Mittel dienen den Banken als unbare und bare Zahlungsreserven, auf deren Basis die Banken ein Vielfaches an Sichteinlagen für den Publikumsverkehr schaffen.[474]

Kassa: Wie aus obiger Grafik ersichtlich, ist diese Position von ihrem Volumen her relativ klein. Vergleicht man das Kassakonto mit der Position Sichteinlagen auf der Passivseite der

---

[470] Vgl. Deutsche Bundesbank (2012), S. 85 [online].

[471] Vgl. Deutsche Bundesbank (2012), S. 86 [online].

[472] Vgl. Huber (2004), S. 7 [online].

[473] Vgl. Budzinski/Jasper/Michler (2013b) [online].

[474] Vgl. Huber (2004), S. 7 [online].

Bilanz wird deutlich, dass die auf Verlangen der KundInnen täglich fälligen Verbindlichkeiten, gegenüber diesen nicht ausgezahlt werden könnten, wenn alle KundInnen ihre Kontostände zum gleichen Zeitpunkt in Bargeld ausgezahlt haben möchten.[475,476] Lässt man die Option des Barverkaufes von z. B. Edelmetallmünzen (Handel) außer Acht, hat die Bank grundsätzlich mehrere Möglichkeiten den Stand ihres Kassenkontos zu erhöhen. Sie kann Bareinlagen von KundInnen (Nichtbanken) entgegen nehmen.[477] Dies erhöht einerseits den Kassenstand und im Gegenzug wird diese Bareinlage am Girokonto des/der KundIn gut geschrieben – die Bank verschuldet sich also gegenüber dem/der KundIn. Eine zweite Möglichkeit ist die Aufnahme eines Barkredites bei der Zentralbank.[478,479] auch dadurch verschuldet sich die Bank, in diesem Fall bei der Zentralbank. Die Aufnahme eines Barkredites bei einer anderen Geschäftsbank ist ebenfalls eine Option zur Beschaffung von Bargeld bei gleichzeitiger Verschuldung bei eben dieser andern Bank.[480] Eine weitere Möglichkeit besteht darin, dass sich die Bank ihre Sichteinlage bei der Zentralbank bar auszahlen lässt.[481]

Guthaben bei der Zentralbank: Die Mindestreserveanforderung gibt an, dass im Euroraum ein Prozent der Summe der Einlagen des Publikums, als Mindestreserve am Konto der Notenbank bei der Zentralbank, als Guthaben am Konto der Geschäftsbank vorzuhalten ist.[482,483] Buchhalterisch handelt es sich bei diesem Guthaben um eine Forderung der Geschäftsbank gegenüber der Notenbank.

Das Konto *Kredite an Nichtbanken* beinhaltet die Forderungen gegenüber KundInnen, denen die Bank einen Kredit gewährt hat.

Eigenkapital: Für das Eigenkapital von Geschäftsbanken existieren laut Basel II[484] Mindestanforderungen als Prozentsatz (8% der risikogewichteten Aktiva) der Bilanzsumme.[485]

---

[475] Vgl. Deutsche Bundesbank (2012), S. 85 [online].

[476] Vgl. Hartmann-Wendels/Pfingsten/Weber (2010), S. 468.

[477] Vgl. Spahn, (2006), S. 18.

[478] Vgl. Deutsche Bundesbank (2012), S. 71 [online].

[479] Vgl. Spahn, (2006), S. 18f.

[480] Vgl. Spahn, (2006), S. 18.

[481] Vgl. Deutsche Bundesbank (2012), S. 71 [online].

[482] Vgl. Deutsche Bundesbank (2013) [online].

[483] Vgl. BUNDESGESETZ über die Oesterreichische Nationalbank, §52 Abs. 1

[484] Vgl. Hartmann-Wendels/Pfingsten/Weber (2010), S. 413f.

Beim Fremdkapital werden zwei große Einzelpositionen unterschieden: Bei den Sichteinlagen handelt es sich um täglich fällige Verbindlichkeiten gegenüber dem Publikum.[486] Dies ist die Summe von Guthaben auf den Girokonten der KundInnen. Bei Spareinlagen kann eine längere Bindefrist bestehen.

Wie geht nun eine Kreditvergabe vor sich?

Angenommen eine Kundin der Bank (sie wird hier Frau Huber genannt), möchte eine Eigentumswohnung käuflich erwerben. Dazu benötigt sie einen Kredit in der Höhe von € 100.000,--. Die Kundin wird einen entsprechenden Kreditantrag bei der Bank stellen. Die Bank wird die Bonität der Kundin prüfen. Das Ergebnis dieser Bonitätsprüfung kann dazu führen, dass die Bank der Kundin den Kredit (unter der Auflage, dass die Eintragung eines Pfandrechtes für die betreffende Eigentumswohnung zugunsten der Bank im Grundbuch erfolgt) gewährt.

Lässt man die zu entrichtende Bearbeitungsgebühr der Bank (die Arbeiterkammer Wien gibt für derartige Gebühren einen Bereich von einem bis vier Prozent der Kreditsumme an[487]) für die Krediterrichtung in der Höhe von beispielsweise einem Prozent vorerst bewusst außer Acht, bucht die Bank:[488]

Kredite an Nichtbanken / Girokonto Huber € 100.000,--

Anmerkung: Spiegelbildlich bucht ein Unternehmen, welches einen Kredit bei einem Kreditinstitut aufnimmt:

Bank / Verbindlichkeiten gegenüber Kreditinstituten (oder Darlehen)[489]

---

[485] Vgl. Hahn (2003), S. 140ff [online].

[486] Vgl. Huber (2004), S. 5 [online].

[487] Vgl. Arbeiterkammer Wien (2010) Vorsicht, Kostenfalle Privatkredit! [online].

[488] Vgl. Huber (2004), S. 9 [online].

[489] Vgl. Grohmann-Steiger/Schneider/Dobrovitz (2010), S.155.

Dieser Buchungssatz hat folgende Wirkungen:

Die Forderungen aus Kreditgeschäften der Bank erhöhen sich um die Summe von € 100.000,-
-. Im Gegenzug wird der Kundin der Betrag auf dem Girokonto gut geschrieben[490] – dies
bedeutet, dass sich die Verbindlichkeit der Bank gegenüber der Kundin (in
Zentralbankgeld[491]) ebenfalls um € 100.000,-- erhöht. Der Buchungssatz hat keinerlei Einfluss
auf das nominale Eigenkapital der Bank. Es handelt sich um eine Bilanzverlängerung[492],
wobei sich das Umlaufvermögen und das Fremdkapital um die genannte Summe erhöhen. Es
wurde der Kredit nicht auf der Basis von Guthaben, die zuvor gespart wurden, vergeben.
Unbare Kredite werden also nicht mit Depositen finanziert, sondern die Depositen entstehen
aufgrund von Krediten.[493] Dies wird durch das Erfordernis einer Mindestreserve, die die Bank
als Sichteinlage bei der Zentralbank zu halten hat, begrenzt. Unter Berücksichtigung, dass das
Eigenkapital unverändert bleibt aber sich das Fremdkapital vermehrt, hat dies zur
Konsequenz, dass die Eigenkapitalquote der Bank sinkt. Die Bank hat dabei darauf zu achten,
dass die von Basel II geforderte Mindesteigenkapitalquote nicht unterschritten wird.[494] Auch
das Mindestreserveerfordernis der Bank (in Form einer Einlage bei der Zentralbank) steigt
durch den Geschäftsfall. Bei einem Mindestreservesatz von einem Prozent steigt die
geforderte minimale Mindestreserve um € 1.000,--.

Anmerkung: Ein tatsächliches Leihgeschäft würde dann vorliegen, wenn die Bank
vorhandenes Bargeld (Zentralbankgeld), welches sie nicht selbst schöpfen kann, an die
Kreditnehmerin als Barkredit vergibt. Die Bank würde dies hier folgendermaßen verbuchen:

Kredite an Nichtbanken / Kassa € 100.000,--

Dieser Buchungssatz erhöht die Kreditforderungen der Bank an Nichtbanken. Im Gegenzug
verringert sich der Kassenstand. Hier wird durch die Kreditvergabe der Bargeldumlauf in der
Volkswirtschaft erhöht.[495] Um diesen Barkredit vergeben zu können, ist es notwendig, dass
die Geschäftsbank über einen entsprechenden Bargeldbestand in der Kassa verfügt.
Depositen, die durch die Einzahlung von Bargeld entstanden sind, können dafür eine Quelle

---

[490] Vgl. Bofinger (2010), [online].

[491] Vgl. Spahn, (2006), S. 17.

[492] Vgl. Spahn, (2006), S. 17.

[493] Vgl. Huber (2009), S. 10 [online].

[494] Vgl. Hartmann-Wendels/Pfingsten/Weber (2010), S. 413f.

[495] Vgl. Bofinger (2010, [online].

sein. Es wird kein Giralgeld geschöpft, da keine Verbindlichkeit entsteht. Buchungstechnisch handelt es sich um einen Aktivtausch.

Würde nach dem beschriebenen Geschäftsfall (unter der Annahme, dass sonst kein anderer Geschäftsfall erfolgt ist, erneut eine Bilanz für die Bank erstellt werden, würde diese schematisch folgendermaßen aussehen:

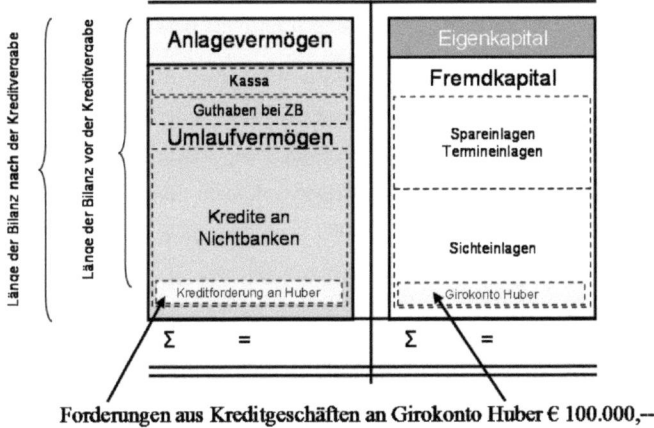

Forderungen aus Kreditgeschäften an Girokonto Huber € 100.000,--

Abbildung 10: schematisierte Darstellung einer Bankbilanz als T-Konto nach der Kreditvergabe mit dem Buchungssatz zur Kreditvergabe[496]

Aus der Sicht von Frau Huber ist ihr Kontostand Geld, dies stellt für die Bank eine Verbindlichkeit als Passivum dar. Die Kreditforderung der Bank an sie sind Schulden – sie hat nunmehr das Recht auf die fristgerechte Rückzahlung dieser Forderung als Aktivum.[497]

Das Guthaben in der Höhe von € 100.000,-- verbleibt nicht auf dem Konto von Frau Huber. Sie überweist die Summe an den Verkäufer der Eigentumswohnung (nennen wir ihn Herrn Mayer). In der Praxis würde die Überweisung an das Treuhandkonto des Notars gehen, welcher den Immobilienverkauf abwickelt.

---

[496] Vgl. Deutsche Bundesbank (2012), S. 73 [online].

[497] Vgl. Huber (2004), S. 9 [online].

Die Überweisung an Herrn Mayer wird durch die Bank (wenn Herr Mayer sein Konto bei selben Bank hat) durch folgenden Buchungssatz bewerkstelligt[498]:

Girokonto Huber / Girokonto Mayer € 100.000,--

Es handelt sich hierbei wieder um eine Bestandsbuchung, nämlich um einen Passivtausch ohne Erfolgswirksamkeit für die Bank, d. h. das Eigenkapital der Bank verändert sich nicht.

Nunmehr hat die Bank ihre Verbindlichkeit nicht mehr bei Frau Huber sondern gegenüber Herrn Mayer (Anm.: hätte Herr Mayer sein Konto bei einer anderen Bank, so würde die Verbindlichkeit gegenüber der anderen Bank bestehen. Diese andere Bank wiederum würde das Geld Herrn Mayer schulden).[499] Am Mindestreserveerfordernis ändert sich nichts. Egal ob die Bank Frau Huber oder Herrn Mayer € 100.000,-- schuldet, dafür ist bei der Zentralbank eine Mindestreserve von € 1.000,-- zu halten.

Bei erneuter Erstellung einer Bilanz nach dem Passivtausch ergibt sich folgendes Bild:

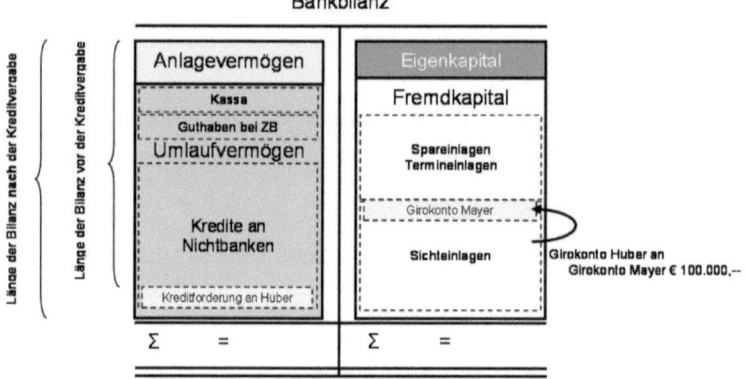

Abbildung 11: schematisierte Darstellung einer Bankbilanz als T-Konto nach der Kreditvergabe mit dem Buchungssatz zur Kreditvergabe und nach dem Passivtausch[500]

---

[498] Vgl. Deutsche Bundesbank (2012), S. 53 [online].

[499] Vgl. Deutsche Bundesbank (2012), S. 75 [online].

[500] Eigene Darstellung.

Selbstverständlich können sowohl die Bilanzverlängerung, als auch der Passivtausch mit einem einzigen Buchungssatz folgendermaßen bewerkstelligt werden (statt Girokonto Mayer könnte wiederum auch das Treuhandkonto des Notars gestellt werden):

Kredite an Nichtbanken / Girokonto Mayer € 100.000,--

Beschreibung der Situation nach der Verbuchung der beiden Geschäftsfälle aus der Sicht von:

✓ Der Bank: Sie hat eine Kreditforderung gegenüber Frau Huber in der Höhe von € 100.000,--. Zunächst hatte sie im Gegenzug gegenüber Frau Huber eine Verbindlichkeit in der gleichen Höhe (der Betrag wird also ihrem Konto gutgeschrieben[501]). Durch die Bilanzverlängerung bei der Kreditvergabe wurde Giralgeld geschöpft[502] (Giralgeld ist als Schuld durch den Buchungssatz ex nihilo[503] entstanden und wurde nirgendwo abgebucht[504]) – entgegen der landläufigen Annahme über Kreditvergaben, wurde also kein Geld von anderen EinlegerInnen an Frau Huber weiter verliehen.[505] An dieser Stelle ist anzumerken, dass der Geld- und Kreditschöpfungsspielraum der Banken durch die sogenannte Mindestreserve begrenzt wird (je höher der Mindestreservesatz umso mehr), diese also nicht ins Endlose gehen kann.[506,507] Nach dem Passivtausch schuldet die Bank dem Kunden Mayer € 100.000,--, da sich diese Summe jetzt auf seinem Girokonto befindet (diese Sichteinlage könnte Herr Mayer theoretisch ja jederzeit von seinem Konto in bar abheben).

✓ Frau Huber: Sie schuldet der Bank € 100.000,--. Durch die Bilanzverlängerung hat ihr die Bank ein Guthaben auf ihrem Konto eingeräumt, welches sie in die Lage versetzt hat, den Kaufpreis an Herrn Mayer unbar zu entrichten. Nunmehr hat sie das Eigentum an der gekauften Wohnung.

✓ Herrn Mayer: Herr Mayer hat auf seinem Girokonto ein Guthaben von € 100.000,-- über welches er jederzeit frei verfügen kann (er könnte es beispielsweise auf sein Sparbuch übertragen, um von der Bank dauerhaft einen Zinsertrag zu lukrieren.

---

[501] Vgl. Uchatius (2012), [online].

[502] Vgl. Fehr (2008), [online].

[503] Vgl. Huber (2004), S. 12f [online].

[504] Vgl. Uchatius (2012), [online].

[505] Vgl. Huber (2004), S. 12 [online].

[506] Vgl. Budzinski/Jasper/Michler (2013g) [online].

[507] Vgl. Bofinger (2010, [online].

Hätte Herr Mayer sein Konto bei einer anderen Bank, und die Überweisung würde dorthin erfolgen, wären folgende Varianten möglich:[508]

✓ Beide Banken haben ein Konto bei der jeweils anderen Bank – Korrespondenzbankgeschäft.

✓ Beide Banken sind Teil eines Gironetzes.

✓ Teilnahme unter Zuhilfenahme der Zentralbank, die Verfahren für den Zahlungsverkehr bietet (*Elektronischer Massenzahlungsverkehr* (EMZ) und *SEPA-Clearer* (SCL).

Würden beide Banken beispielsweise bei der jeweils anderen ein Konto haben, hätte der Buchungssatz folgendes Aussehen:

Girokonto Huber / Girokonto Bank B € 100.000,--

Wiederum handelt es sich um einen Passivtausch. Der Buchungssatz bewirkt, dass keine Verbindlichkeit gegenüber von Frau Huber, sondern eine gegenüber Bank B besteht. Bank B wiederum würde eine Verbindlichkeit gegenüber Herrn Mayer aufweisen. Es ist davon auszugehen, dass der Giralverkehr in beide Richtungen läuft und sich die Forderungen der Banken gegeneinander saldieren. Bank B müsste nunmehr das Mindestreserveerfordernis für die Einlage von Herrn Mayer erfüllen. Sollte der Saldo für die Überweisungen Null sein, so ändert sich für die Bank bzgl. der vorzuhaltenden Mindestreserven nichts.

Verbuchung der Sollzinsen durch die Bank:

Das Kreditgeschäft ist ein wesentliches Kerngeschäft einer Bank. Wie oben gezeigt, ist die Kreditvergabe selbst nicht erfolgswirksam. Die Bank erzielt ihre Erträge durch die Verzinsung der aushaftenden Kreditsummen mit den vereinbarten Sollzinssätzen.

Die Zinserträge werden wie folgt pro Quartal verbucht (hier wird angenommen, dass Frau Huber die Zinsen für das erste Quartal der Laufzeit ihres Kredites mit einem Zinssatz von vier Prozent verrechnet werden):

Girokonto Huber / Zinserträge € 1.000,--

---

[508] Vgl. Deutsche Bundesbank (2012), S. 53ff [online].

Anmerkung: Ein Unternehmen verbucht den Zinsaufwand für einen laufenden Kredit gegengleich:

Zinsaufwand für Bankkredite und Darlehen / Bank[509]

Dieser Buchungssatz ist insofern erfolgswirksam, als er das Eigenkapital der Bank erhöht. Dabei zu beachten ist, dass die € 1.000,-- durch den ursprünglichen Geschäftsfall zur Kreditvergabe nicht mit erzeugt, und somit von der Bank nicht in den Geldkreislauf der Wirtschaft eingespeist wurden.

Die Verbuchung von Tilgungszahlungen (es sei angenommen, dass Frau Huber, mit dem mittlerweile verdienten Giralgeld, nach dem ersten Quartal der Kreditlaufzeit eine erste Tilgungszahlung in der Höhe von € 1.200,-- leistet):

Girokonto Huber / Kredite an Nichtbanken € 1.200,--

Anmerkung: Unternehmen verbuchen Tilgungszahlungen für Kredite entsprechend wie folgt:

Verbindlichkeiten gegenüber Kreditinstituten (oder Darlehen) / Bank[510]

Hier handelt es sich um eine nicht erfolgswirksame Bilanzverkürzung. Der Buchungssatz ist die Umkehrung des Buchungssatzes zur Krediterrichtung. Die Kreditforderung der Bank (und damit die Basis für die Verzinsung des Kredites) und ihre Verbindlichkeit an Frau Huber (deren Guthaben am Girokonto) werden geringer. Der Buchungssatz reduziert die Giralgeldmenge und die Menge der Schulden in der gesamten Wirtschaft. Giralgeld wird somit vernichtet und befindet sich nicht länger im Umlauf.

Restriktionen für die Giralgeldschöpfung durch Geschäftsbanken:

Als Restriktionen für die dargestellte Giralgeldschöpfung dienen für die Geschäftsbanken das Erfordernis einer Mindestreserve[511,512] bei der Zentralbank zu halten und Mindestanforderungen für die Eigenkapitalquote (vgl. Basel II).

---

[509] Vgl. Grohmann-Steiger/Schneider/Dobrovitz (2010), S.157.

[510] Vgl. Grohmann-Steiger/Schneider/Dobrovitz (2010), S.157.

[511] Vgl. Deutsche Bundesbank (2012), S. 73f [online].

[512] Vgl. Spahn, (2006), S. 21.

Die Mindestreserve:

Neben dem Banknotenmonopol der Zentralbanken führt die, durch den Mindestreservesatz festgelegte, Mindestreserve dazu, dass Kreditinstitute zwangsläufig Zentralbankgeld nachfragen.[513]

Wie oben beschrieben, entstehen durch Kreditvergaben von Banken Sichtguthaben des Publikums.[514] Durch das Erfordernis an die Geschäftsbanken, eine Mindestreserve[515] in Höhe von einem Prozent der Einlagen zu halten, ergibt sich somit eine Restriktion der Giralgeldschöpfung der Banken.[516] Die minimale Höhe der Mindestreserve wird im Euroraum durch die EZB festgelegt. Betreibt die EZB eine restriktive Geldpolitik, könnte sie unter anderem den erforderlichen Mindestreservesatz erhöhen, um die Kreditvergabe und damit die Giralgeldschöpfung der Geschäftsbanken stärker zu limitieren.[517] Eine expansive Geldpolitische Maßnahme der EZB wäre es im Umkehrschluss, beispielsweise den Mindestreservesatz weiter zu senken. Zu Beginn der dritten Stufe der Wirtschafts- und Währungsunion wurde der Mindestreservesatz mit zwei Prozent festgesetzt.[518] Per 18. Jänner 2012 wurde der Mindestreservesatz auf ein Prozent abgesenkt.[519] Die rechtlichen Grundlagen für das Mindestreservesystem im Euroraum finden sich in Artikel 19 der Satzung des Europäischen Systems der Zentralbanken.[520,521]

Geforderte minimale Eigenkapitalquote:

Auch die Festlegung einer minimalen Eigenkapitalquote (wie durch Basel II[522] und Basel III) für Geschäftsbanken wirkt bremsend auf deren Möglichkeiten zur Kreditvergabe und damit zur Giralgeldschöpfung.[523] Durch die Giralgeldschöpfung mittels bilanzverlängerndem Buchungssatz, verändert sich zwar das Eigenkapital in absoluten Zahlen nicht, jedoch wird

---

[513] Vgl. Ruckriegel/Schleicher/Seitz (2000), S.317 [online].

[514] Vgl. Lietaer (2010a) [online].

[515] Vgl. Fehr (2008) [online].

[516] Vgl. Bofinger (2010) [online].

[517] Vgl. Budzinski/Jasper/Michler (2013g) [online].

[518] Vgl. Hartmann-Wendels/Pfingsten/Weber (2010), S. 50.

[519] Vgl. Deutsche Bundesbank (2013a) [online].

[520] Vgl. Deutsche Bundesbank (2013b) [online].

[521] Vgl. PROTOKOLL ÜBER DIE SATZUNG DES EUROPÄISCHEN SYSTEMS DER ZENTRALBANKEN UND DER EUROPÄISCHEN ZENTRALBANK, Artikel 19, Absatz 1 und Absatz 2 (2010) [online].

[522] Vgl. Hahn (2003), S. 146 [online].

[523] Vgl. Fehr (2008), [online].

dadurch das Fremdkapital als Summe größer. Dadurch ergibt sich mathematisch eine Verringerung der Eigenkapitalquote. Ziel von Basel III (welches Basel II nachfolgen soll) ist es, die Risikotragfähigkeit einer Geschäftsbank besser mit den eingegangenen Risiken in Einklang zu bringen.[524]

Die Wirkung der Einhebung einer Bearbeitungsgebühr der Bank bei der Krediterrichtung (Disagio) durch die Geschäftsbanken bei der Kreditvergabe:

Im obigen Beispiel mit dem Kredit für Frau Huber wurde die Krediterrichtungsgebühr bewusst nicht berücksichtigt. Würde die Bank im gegenständlichen Geschäftsfall eine solche Krediterrichtungsgebühr in der Höhe von einem Prozent des Kreditbetrages einheben, würde dies folgende Veränderung des Buchungssatzes zur Kreditvergabe ergeben:

Kredite an Nichtbanken € 101.000,--	/ Girokonto Huber € 100.000,--
	/ Bearbeitungsgebühr € 1000,--

Anmerkung: Ein Unternehmen, das einen Kredit bei einer Bank aufnimmt würde spiegelbildlich buchen:

Bank   / Verbindlichkeiten gegenüber Kreditinstituten[525]

Spesen des Geldverkehrs   /

Es ergibt sich aus dem nunmehr veränderten Buchungssatz folgende veränderte Wirkung. Die Forderung der Bank beträgt nunmehr € 101.000,-- statt € 100.000,--, sie ist also um ein Prozent höher. Verkauft sie nun € 1.000,-- dieser Forderung weiter, so kann sie den Verkaufserlös auf ihrem Konto bei der Zentralbank einlegen und erfüllt somit die einprozentige Mindestreserveanforderung für dieses Kreditgeschäft. Die Verbuchung der Bearbeitungsgebühr ist eine Erlösbuchung und daher (das Eigenkapital erhöhend) erfolgswirksam. Für die Bank wird es daher leichter, die mit Basel II (und künftig mit Basel III) geforderte minimale Eigenkapitalquote zu erfüllen.

---

[524] Vgl. Österreichische Nationalbank (2013), Der Weg zu Basel III [online].

[525] Vgl. Grohmann-Steiger/Schneider/Dobrovitz (2010), S.156.

Ergänzungen zu Kapitel „1.3.2 Zusammenhänge, Folgen und Auswirkungen des derzeitigen monetären Systems":

Senf beschreibt eine Eskalation von Geldvermögen und Schulden. Er begründet dies dadurch, dass Geldvermögen zu ihrem Anwachsen den Zins und Zinseszins fordern. Die Geldvermögen würden immer nach einer Anlage drängen, was eine vermehrte Kreditvergabe bedeuten würde. Das heißt, dass sich andere Teile der Gesellschaft zunehmend verschulden und dies für diese Menschen wachsende Zinslasten bedeuten würde.[526]

Er geht davon aus, dass den wachsenden Zinserträgen für die Geldvermögen ein entsprechendes Wachstum der Produktion, aber auch der dinglichen Sicherheiten für die Kredite gegenüber stehen müsste. Das Problem liege darin, dass das durch die Zinseszinsformel exponentielle Wachstum der Zinslasten, auf die Dauer nicht durch ein ebenfalls exponentielles Wachstum der Realwirtschaft getragen werden könne.[527]

Durch die in den Preisen enthaltenen Zinsen würde sich, laut Senf, ein Umverteilungsmechanismus von den sozial Schwachen, hin zu den wohlhabendsten Bevölkerungsschichten ergeben, der letztlich dazu führe, dass sich die Vermögen bei einem sehr kleinen Prozentsatz der Bevölkerung kummuliere. Dies begründet er damit, dass die unteren Einkommensschichten einen Großteil ihrer Einkommen für den Konsum ausgeben müssten. Die Preise für die Konsumgüter würden etwa ein Drittel versteckte Zinsen enthalten. Mit steigendem Einkommen nehme die Sparquote zu, sodass bei den BezieherInnen der höchsten Einkommen nur ein relativ kleiner Teil für den Konsum aufgewendet werden würde und somit ein hoher Anteil des Einkommens zinsbringend veranlagt werden könne. Dadurch würde sich auch eine ungleiche Vermögensverteilung ergeben. Die reichste Bevölkerungsschicht könnte somit höhere Zinserträge erzielen, als sie durch ihre Konsumausgaben an versteckten Zinsen tragen würden.[528]

Für Lietaer sorgt das Finanzsystem in seiner derzeitigen Verfasstheit für folgende drei Auswirkungen:[529]

✓ Da die Bank bei der Kreditvergabe nur das Grundkapital, nicht aber die über die Laufzeit des Kreditvertrages dafür zu bezahlenden Zinsen erzeugt, entstünde die Notwendigkeit,

---

[526] Vgl. Senf (2009), S. 88.

[527] Vgl. Senf (2009), S. 89ff.

[528] Vgl. Senf (2009), S. 95ff.

[529] Vgl. Lietaer (2010b) [online].

das Grundkapital von jemand anderem zur Zinszahlung zu verwenden. Er behauptet, dass die Zinsen Knappheit erzeugen würden, was eine Notwendigkeit für die Funktionstüchtigkeit des Kreditgeldsystems der Banken sei. Dies würde dazu führen, dass Menschen gegeneinander um noch nicht erzeugtes Geld konkurrieren würden.

✓ Lietaer führt weiter aus, dass das Geldsystem sich wie eine Tretmühle verhalten würde, welches, selbst wenn der durchschnittliche Lebensstandard stagniert, eines kontinuierlichen Wirtschaftswachstums bedürfe. Im Geldsystem verortet Lietaer die Ursache für die Notwendigkeit nach grenzenlosem wirtschaftlichem Wachstum. Der Zinssatz würde den durchschnittlichen Bedarf an Wirtschaftswachstum festlegen, der dazu notwendig sei den gegenwärtigen Lebensstandard zu erhalten.

✓ Als dritten Effekt des monetären Systems sieht er die kontinuierliche Umverteilung des Wohlstandes von der überwiegenden Mehrheit der Bevölkerung zu einer kleinen Minderheit.

Ähnlich wie Lietaer, argumentiert Binswanger, dass die Geldschöpfung die Voraussetzung für Gewinne der Unternehmen schafft. Die Gewinne wiederum ermöglichen es, Geld als Kapital einzusetzen, um so ein weiteres Wachstum zu ermöglichen. Dadurch entwickle sich eine Wachstumsspirale als wirtschaftliches Perpetuum mobile. Damit dieses Perpetuum mobile funktioniert ist es notwendig, dass sich keine Hindernisse entgegen stellen. Für Finanzkrisen sieht Binswanger zwei Ursachen. Diese lägen in einer überschießenden Geldschöpfung für den Kauf von Vermögenswerten zu Spekulationszwecken und darin, dass das Wirtschaftswachstum der Realwirtschaft eben nicht beliebig ausgedehnt werden kann, da es mit der langfristigen Knappheit natürlicher Rohstoffe und Energie konfrontiert ist.[530]

Die beiden IWF-Ökonomen Benes und Kumhof veröffentlichten im August 2012 die Ergebnisse einer Simulation mittels eines makroökonomischen Modells. Ausgangspunkt dabei war der Chicago Plan, der unter anderem von Irving Fisher in den 1930er-Jahren entwickelt wurde. Dieser Plan beinhaltete das sogenannte 100% Reservesystem, bei dem Geschäftsbanken nur auf der Basis Kredite vergeben können, für die sie über Einlagen in voller Höhe verfügen. Fisher postulierte damals folgende vier Auswirkungen dieses Ansatzes. Diese seien erstens eine weit bessere Kontrolle über Konjunkturzyklen infolge plötzlicher Schwankungen der Geldversorgung durch die Banken, zweitens die komplette Verhinderung von Bank Runs, drittens eine dramatische Verminderung der öffentlichen Nettoverschuldung

---

[530] Vgl. Binswanger (2009), S. 3, [online].

und viertens eine drastische Reduktion der Privatverschuldung, da die Geldschöpfung keiner gleichzeitigen Schaffung von Schulden bedürfe.[531]

Um diese Thesen Fishers zu überprüfen wurde ein DSGE (dynamic stochastic general equilibrium) Modell[532] der US-Amerikanischen Wirtschaft verwendet.[533] Zunächst wurde das derzeitige Geldsystem[534] und danach der Chicago Plan[535] simuliert.

Die analytische Simulation bestätigte die Thesen von Irving Fisher. Darüber hinaus zeigten sich zwei weitere Vorteile. Zum einen ergaben sich, durch eine Reduktion multipler Verzerrungen bei Risikounterschieden von Zinssätzen, steuerlichen Verzerrungen und dem teuren Monitoring von Kreditrisiken, stabile Zuwächse des wirtschaftlichen Outputs. Zum anderen ergab sich, in Ermangelung von Liquiditätsfallen, die Möglichkeit die Inflationsrate gegen Null zu fahren. Dies ist insofern beachtlich, als es eine Antwort auf die Argumente von Kritikern einer staatlichen Geldschöpfung gibt, die behaupten, dass eine staatliche Geldschöpfung zu einer hohen Inflation führen würde.[536]

Anzumerken ist, dass das vorliegende Arbeitspapier nicht notwendigerweise die Sichtweise oder die Politik des IWF repräsentiert.[537]

Ergänzungen zu Kapitel „2.2 Grundsätzlicher didaktischer Umgang mit aktuellen Ereignissen und didaktische Modelle"

Folgende Grundfragen der didaktischen Analyse sind zentraler Bezugspunkt der Unterrichtsplanung:[538,539]

✓ Die *exemplarische Bedeutung*: Welchen Sinnzusammenhang, welchen Sachverhalt oder welches Problem kann der gegebene Inhalt erschließen?

---

[531] Vgl. Benes/Kumhof (2012), S. 1, [online].

[532] Vgl. Fernández-Villaverde (2010), [online].

[533] Vgl. Benes/Kumhof (2012), S. 1, [online].

[534] Vgl. Benes/Kumhof (2012), S. 20ff, [online].

[535] Vgl. Benes/Kumhof (2012), S. 33ff, [online].

[536] Vgl. Benes/Kumhof (2012), S. 55f, [online].

[537] Vgl. Benes/Kumhof (2012), S. 1, [online].

[538] Vgl. Riedl (2004), S. 58ff.

[539] Vgl. Schmitz (1977), S. 69f.

✓ Die *Gegenwartsbedeutung* für die SchülerInnen: Hat der Inhalt im geistigen Leben der SchülerInnen bereits eine Bedeutung? Welche Bedeutung soll er aus pädagogischer Sicht im Leben der SchülerInnen bereits haben?

✓ Welche *Zukunftsbedeutung* hat das Thema für das Leben der SchülerInnen?

✓ Was ist die *Struktur des Inhaltes* mit seiner exemplarischen Bedeutung, seiner Gegenwarts- und Zukunftsbedeutung? Hierfür stehen folgende Unterfragen zur Verfügung:[540]

  ✓ Was sind die einzelnen Momente des Inhaltes im Sinne eines Zusammenhanges?

  ✓ Welcher Zusammenhang besteht zwischen den einzelnen Momenten?

  ✓ Hat der Inhalt verschiedene Sinn- und Bedeutungsschichten?

  ✓ Ist der Inhalt in einem größeren sachlichen Zusammenhang eingebettet? Was muss dem Inhalt sachlich vorausgegangen sein?

  ✓ Verfügt der Inhalt über Eigentümlichkeiten, die es den SchülerInnen möglicherweise schwer machen werden, einen Zugang zu finden?

  ✓ Was gilt als notwendiger, festzuhaltender Wissensbesitz, wenn der Bildungsinhalt als angeeigneter Wissensbesitz gelten soll?

✓ Die *Zugänglichkeit des Inhaltes*: Durch welche besonderen Phänomene, Fälle, Ereignisse oder Personen kann die Struktur des Inhaltes, den SchülerInnen einer konkreten Klasse, interessant und begreiflich veranschaulicht werden? Geeignete Unterfragen dazu sind:

  ✓ Welche Anschauungen bzw. auf die Struktur gerichteten Fragestellungen eignen sich, um das Wesen des betreffenden Inhalts als Motor des Unterrichts zu dienen?

  ✓ Was braucht es, damit die SchülerInnen die wesentlichen auf das Problem gerichteten Fragestellungen, möglichst selbständig beantworten können?

  ✓ Welche Situationen und Aufgabenstellungen sind dazu geeignet, als exemplarisches Beispiel zu dienen, damit die Prinzipien und die Struktur des Inhaltes verstanden werden können?

---

[540] Vgl. Schmitz (1977), S. 70.

121

Ergänzungen zu Kapitel „2.2.2 Kritisch-konstruktive Didaktik"

Klafkis definiert seine Erziehungsziele so, dass die SchülerInnen komplexe Selbst- und Mitbestimmungsfähigkeiten durch Interaktionsprozesse entwickeln sollen.[541] Dazu nennt er folgende Grundfähigkeiten, die SchülerInnen erwerben sollen:[542]

✓ Die verbale und extraverbale Kommunikationsfähigkeit, die es ermöglicht eigene Motive, Interessen, Gefühle oder Erkenntnisse auszudrücken und in eine Kommunikation einzubringen,

✓ die Fähigkeit Rollen zu übernehmen und gegenüber der Rolle eine Distanz einzunehmen,

✓ Empathie als die Fähigkeit Sachverhalte vom Standpunkt von InteraktionspartnerInnen zu verstehen,

✓ die Entwicklung der Fähigkeit Situationen auszuhalten, die offen bzw. unentschieden sind (Ambiguitätstoleranz). Dabei sollen sie eine Frustrationstoleranz aufbringen und kommunikativ nach rationalen Problemlösungen suchen,

✓ im Sinne der Fähigkeit zur Selbststeuerung, sollen sie die eigenen Triebkräfte und Motive selbständig kontrollieren und in sinnvolle Handlungen umsetzen können.

✓ eigene Trieberfahrungen und eigene Emotionalität sollen angstfrei bewusst gemacht werden können,

✓ Problemlösefähigkeit und Kreativität sollen erworben werden,

✓ Kritikfähigkeit und die Fähigkeit zur Annahme von Kritik,

✓ Fähigkeit zu einer reflektierenden Toleranz,

✓ die Fähigkeit zur Aufnahme sozialer Beziehungen, zur Kooperation und Solidarität,

✓ die SchülerInnen sollen an praktischen Diskursen teilnehmen können.

Ergänzungen zu Kapitel „2.2.3 Konstruktivistische Didaktik":

Für die Lernumgebung aus konstruktivistischer Sicht wird von folgenden Basisannahmen ausgegangen:[543]

---

[541] Vgl. Klafki/Braun (2007), S. 88.
[542] Vgl. Klafki/Braun (2007), S. 88f.
[543] Vgl. Riedl (2004), S. 77.

122

✓ Das Wissen ist von individuellen und sozialen Konstruktionsprozessen abhängig und ist unabgeschlossen.

✓ Das Lernen selbst erfolgt systemisch und multidimensional.

✓ Das Lernen wird als aktiver und konstruktiver Prozess verstanden.

✓ Fragen der Konstruktion des Wissens stehen bei der Unterrichtsgestaltung im Vordergrund.

✓ Es gilt die Lernenden so wenig wie möglich von außen zu steuern.

✓ Die Lehrenden erfüllen eine Rolle als BeraterInnen und MitgestalterInnen von Lernprozessen.

✓ Durch die individuellen Unterschiede der Lernenden und die Spezifität jeder einzelnen Situation, wird die Wiederholbarkeit von bewährten Unterrichtsformen reduziert.

✓ Unterrichtsergebnisse können nicht vorhergesehen werden.

✓ Das Ziel des Unterrichtes ist es, dass die Lernenden, als Ergebnis des Unterrichts, wie ExpertInnen denken und handeln.

Das Lernverständnis der konstruktivistischen Sichtweise ist auf die Lernenden zentriert. Der Unterricht erfolgt multimodal. Das Lernen wird anhand von Handlungen objektiviert. Der Stoff bzw. die Inhalte werden partizipativ erarbeitet. Das Lernen erfolgt selbst organisiert. Es gilt das Viabilitätspostulat (dies bedeutet, dass von einer *Gangbarkeit* ausgegangen wird – solange Wirklichkeitskonstruktionen sich im praktischen Handeln bewähren, beziehungsweise nützlich sind, wird von deren Gültigkeit ausgegangen).[544] Der Unterricht erfolgt beziehungsorientiert und ist wachstumsorientiert. Der Medienmix beim Lernen ist multimedial. Beim Unterrichten wird von einer systemischen Sichtweise ausgegangen. Diese geht nicht von einem linearen Fortschritt oder einem Input-Output Modell aus, sondern sieht in der Pädagogik und in der Didaktik eine vielseitige, schwierige und zirkuläre Aufgabe, die Reflexionen und komplexe Beobachtungen, sowie Supervision von außen notwendig macht.[545]

---

[544] Vgl. Thommen (2013), [online].

[545] Vgl. Reich (2005), S. 6 [online].

Für die Gestaltung von Lehr- bzw. Lernprozessen haben Mandl und sein Team, basierend auf einen moderaten Konstruktivismus, folgende konstruktivistische Leitlinien aufgestellt:[546]

✓ Authentische und komplexe Probleme: Für das Lernen sollen folgende authentische und komplexe Problemstellungen den Ausgangspunkt bilden. Diese Problemstellungen sollen aufgrund ihres Realitätsbezuges und der beruflichen Relevanz Lernprozesse mit einem hohen Anwendungsbezug anregen.

   ✓ Die minimale Umsetzung dieser Leitlinie besteht darin, dass die systematische Wissensvermittlung an authentische Fälle, persönliche Erfahrungen oder aktuelle Probleme anknüpft.

   ✓ In der maximalen Realisierung dieser Leitlinie werden die SchülerInnen mit authentischen Situationen konfrontiert, die zu deren Bewältigung ein reales Handeln erforderlich machen.

✓ Lernen in multiplen Kontexten: Um zu verhindern, dass die erworbenen Kenntnisse und Fähigkeiten auf eine bestimmte Situation fixiert bleiben, sollen die Inhalte in verschiedenen Kontexten gelernt werden. Dies fördert die Anwendung des Wissens.

   ✓ Die minimale Umsetzung besteht darin, dass bei der systematischen Erarbeitung des Wissens auf unterschiedliche Anwendungssituationen für dieses Wissen hingewiesen wird.

   ✓ Bei der maximalen Umsetzung werden die SchülerInnen dazu motiviert das Wissen bei neuen Problemstellungen anzuwenden.

✓ Lernen unter multiplen Perspektiven: Durch die Betrachtung der Unterrichtsinhalte aus verschiedenen Perspektiven, kann die Flexibilität der Wissensanwendung gefördert werden.

   ✓ Der Minimalansatz besteht im Hinweis auf verschiedene Sichtweisen im Zuge der systematischen Vermittlung des Inhaltes.

   ✓ Bei der maximalen Implementierung in den Unterricht werden die SchülerInnen dazu angeregt, ihr Wissen in verschiedenen Rollen als Wirtschaftssubjekte umzusetzen.

✓ Lernen im sozialen Kontext: Es soll im sozialen Kontext gelernt werden. Dabei ist die Zusammenarbeit der Lernenden untereinander und jene mit dem Experten bzw. der Lehrkraft ein wesentlicher Bestandteil der Lernprozesse.

---

[546] Vgl. Kaiser/Kaminsky (1999), S. 74f.

✓ Der Minimalansatz bei der Realisierung besteht darin, dass Phasen von Gruppenarbeiten im Unterricht umgesetzt werden.

✓ Bei der maximalen Realisierung erwerben die SchülerInnen ihr Wissen und ihre Fertigkeiten durch das Lernen und Arbeiten in einer Gemeinschaft von Experten.

In den genannten Leitlinien sind wesentliche Annahmen zur Entwicklung von Wissensstrukturen, zur situationsbezogenen Transformation dieses Wissens und zur Bewältigung von neuen komplexen Aufgabenstellungen enthalten. Durch kooperatives Lernen sollen die Artikulation von Lern- und Problemlösungsprozessen und die Reflexion des erworbenen Wissens gefördert werden. Die nicht unmittelbaren kognitiven Prozesse sollen den SchülerInnen durch Externalisierung erschlossen werden.[547]

---

[547] Vgl. Kaiser/Kaminsky (1999), S. 75.